TRATAMENTO JURÍDICO DIFERENCIADO À PEQUENA EMPRESA NO PROCESSO DO TRABALHO

MARCELO RUGERI GRAZZIOTIN

Mestre em Direito pela Universidade de Caxias do Sul — UCS, Especialista em Direito Processual Civil pela Universidade de Caxias do Sul — UCS, Professor de Direito Processual Trabalhista na Universidade de Caxias do Sul — UCS e Advogado inscrito na OAB-RS.

TRATAMENTO JURÍDICO DIFERENCIADO À PEQUENA EMPRESA NO PROCESSO DO TRABALHO

EDITORA LTr
SÃO PAULO

Dados Internacionais de Catalogação na Publicação (CIP)
(Câmara Brasileira do Livro, SP, Brasil)

Grazziotin, Marcelo Rugeri
   Tratamento jurídico diferenciado à pequena empresa no processo do trabalho / Marcelo Rugeri Grazziotin. — São Paulo : LTr, 2004.

   Bibliografia.
   ISBN 85-361-0580-1

   1. Direito processual do trabalho — Brasil 2. Pequenas e médias empresas — Brasil I. Título.

04-4518   CDU-347.727: 347.9:331(81)

Índice para catálogo sistemático:

1. Brasil : Pequenas empresas : Processo do trabalho : Tratamento jurídico diferenciado : Direito   347.727: 347.9:331(81)

(Cód. 2869.2)

© Todos os direitos reservados

EDITORA LTDA.

Rua Apa, 165 - CEP 01201-904 - Fone (11) 3826-2788 - Fax (11) 3826-9180
São Paulo, SP - Brasil - www.ltr.com.br

Agosto, 2004

Dedicatória

No núcleo familiar encontramos harmonia, afeto, equilíbrio, conforto, incentivo e muitos outros elementos indispensáveis para o trabalho e a vida. Dedico este estudo à minha mulher, Eliete, ao meu filho, João Vítor, e à minha filha Natália.

Agradecimentos

Em nossa caminhada por vezes nos deparamos com pessoas que agradecemos ter conhecido. Agradeço especialmente ao Professor Dr. José Luiz Ferreira Prunes, orientador da obra, o primeiro a acreditar neste trabalho, pessoa inteligente e doce, um ser humano extraordinário. Sem ele não teria iniciado e nem mesmo obtido o resultado alcançado. Agradeço ao Professor Dr. Carlos Alberto Gomes Chiarelli, pelo incentivo decisivo na publicação. Agradeço também aos professores e colegas do Mestrado, pela amizade.

Sumário

Prefácio — Carlos Alberto Chiarelli 11

Introdução 13

I — A Globalização e o Pequeno Empregador 17

1. O conceito de pequeno empregador 17

2. O que é globalização? 31

3. Conseqüências da globalização nas empresas de grande porte e nas relações de emprego 35

4. O impacto da globalização no Estado 39

5. O pequeno empregador no contexto da globalização 42

II — A Necessidade de Mudança no Tratamento Jurídico ao Pequeno Empregador no Plano Processual 47

1. Pequeno empregador como direito fundamental 47

   1.1. Direitos fundamentais e sua definição 47

   1.2. Gerações de direitos fundamentais 50

   1.3. Pequeno empregador na Constituição do Brasil 53

2. Proteção aos direitos fundamentais 58

   2.1. Noção de princípio jurídico 58

   2.2. A hermenêutica e a proteção ao direito fundamental ... 62

3. Da ausência de tratamento jurídico diferenciado, no plano processual, para o pequeno empregador e a necessidade de uma nova interpretação 70

III — Uma Nova Ótica de Tratamento Jurídico Diferenciado, no Plano Processual, para o Pequeno Empregador Diante do Depósito Recursal 79

1. Conceito, exceções e finalidade do depósito recursal 79

2. Constitucionalidade da exigência do depósito recursal 84

3. Das alternativas para superar a questão do depósito recursal para o pequeno empregador, com um tratamento processual diferenciado a este 89

3.1. Gratuidade da justiça para o pequeno empregador 92

3.2. Garantia do juízo por outras formas, além do depósito em pecúnia 97

Conclusão 99

Anexos 101

Anexo 1. Novo Estatuto da Micro e Pequena Empresa — Lei n. 9.841/99   101

Anexo 2. Decreto n. 3.474/2000 que regulamenta a Lei n. 9.841/99   110

Anexo 3. Instrução Normativa TST n. 3/93   118

Anexo 4. Decreto n. 5.028/2004 que altera os valores dos limites fixados nos incisos I e II do art. 2º da Lei n. 9.841/99   122

Referências Bibliográficas   123

Índíce Onomástico   131

Prefácio

O livro, que ora ganha a atenção — que lhe dá parceria e vida — do leitor, nasce na academia. Seu autor, então mestrando, embrenhou-se na pesquisa detalhada, instigado, sadiamente, pelo binômio pequena (micro) empresa e Direito do Trabalho.

Dessa relação virtuosa fez seu tema de dissertação e, pela qualidade do trabalho elaborado e por sua escorreita defesa, titulou-se Mestre.

Como seu examinador e acompanhando-o no dia-a-dia que vivencio na Coordenadoria do Mestrado em Direito da Universidade de Caxias do Sul, não tive dúvidas em, "olheiro" de talentos, fazer saber à LTr — sempre ágil e competente — que ali estava alguém (com sua obra) que sabia fazer.

Na obra em pauta, despertará especial interesse a análise realizada do conceito de pequena empresa e sua densa crítica a ele formulada. Ao propor a discriminação em favor do pequeno empregador no campo do processo do trabalho, preocupou-se o autor com uma melhor definição. Logo, questiona as existentes, tanto em nossa legislação como na alienígena, e demonstra a fragilidade das mesmas, proporcionando uma reflexão sobre o tema, convidando o leitor até mesmo a quebrar paradigmas existentes.

Na busca de um novo e preciso conceito, é sugerido que se incluam pressupostos quantitativos sem esquecer os qualitativos, com o que se pode, inclusive, estar a contribuir, não só para o Direito do Trabalho, mas para outros ramos do Direito.

Há, pois, no trabalho de *Marcelo Rugeri Grazziotin* a união da qualidade intrínseca de minudente investigação científica (e aí o timbre da universidade e do "scholar"), com o pragmatismo do enfoque temático, mas profissional, ditado pelo seu outro perfil, o de advogado militante e competente.

Por isso, a contribuição que ele nos traz é de qualidade e oportuna.

Carlos Alberto Chiarelli

_____ *Introdução*

O presente trabalho é fruto da dissertação apresentada para a obtenção do título de Mestre em Direito junto à Universidade de Caxias do Sul e focaliza o tratamento jurídico diferenciado que deve ser dado em favor do pequeno empregador no plano processual do trabalho.

A importância do tema justifica-se pelo fato de que, na época em que vivemos, o fenômeno da globalização conduz as grandes empresas a investirem em novas tecnologias, na busca de competitividade e eficiência, ocorrendo a eliminação de inúmeros postos de trabalho, ou seja, causando o desemprego em massa. Por outro lado, os pequenos empregadores ou as pequenas empresas são os que cada vez mais empregam no mercado de trabalho, ajudando a manter o maior bem que o empregado pode possuir, ou seja, o direito de trabalhar de forma remunerada com as garantias sociais. Além disso, alimentando o quadro social com novos empregos, contribui-se para a melhor distribuição de renda, ambos considerados problemas sociais graves existentes em nosso País.

Este tipo de empreendedor/empregador recebe, fora do âmbito processual, tratamento diferenciado de caráter incentivador, sendo reconhecido como essencial elemento da economia brasileira, possuindo normas protecionistas. Para exemplificar, cabe mencionar a legislação federal que dispõe o regime tributário das microempresas e das empresas de pequeno porte, que institui o Sistema Integrado de Pagamento de Impostos e Contribuições das Microempresas e das Empresas de Pequeno Porte — SIMPLES[1].

Mais, o art. 170, inciso IX e o art. 179, ambos da Constituição Federal, que serão abordados no decorrer do trabalho, deixam clara a necessidade de tratamento jurídico diferenciado em favor do pequeno empregador em todos os campos.

Esta discriminação em favor de pequenos empregadores ou de pequenas empresas é aceita naturalmente nos outros ramos do Direito,

_____
(1) Lei n. 9.317, de 5.12.1996.

inclusive no plano material do Direito do Trabalho, como no caso da dispensa da anotação da concessão de férias no livro ou na ficha de registros dos empregados.

No processo do trabalho, a discriminação é esquecida e, por vezes, negada pela doutrina, pela jurisprudência e, como não podia ser diferente, pela legislação infraconstitucional.

As evidentes diferenças entre a grande ou a média empresa e o pequeno empregador, que são ignoradas no campo processual do trabalho, provocam sentimento de desajuste e inconformismo para aqueles que vivem o dia-a-dia do Direito do Trabalho. Assim, reputamos útil empreender este estudo.

Diante do tratamento universal, no plano processual, que a Justiça do Trabalho oferece ao empregador, ignorando a discriminação em favor do pequeno, cumpre verificar as condições e possibilidades de reversão da atual situação.

Para tanto, uma primeira questão a ser resolvida é se os arts. 170 e 179 da Constituição brasileira são direitos fundamentais econômicos e possuem aplicação imediata ou dependem da concessão do legislador, servindo apenas como mera diretiva para o Estado. Além disso, como ficaria o princípio jurídico, segundo o qual as partes devem ter tratamento igual[2] no âmbito processual? Por fim, para a compreensão do problema da diferenciação processual do pequeno empregador, cumpre enfrentar uma situação fática, como a do depósito recursal, para melhor entendimento da questão.

Com o fito de resolver tais questões, o trabalho divide-se em três capítulos. No primeiro, antes de tudo, tornou-se imprescindível, para clarificar o campo semântico, considerando a escassa discussão na doutrina e a insatisfação com o que foi encontrado na pesquisa realizada, apresentar um conceito de pequeno empregador, envolvendo os pressupostos quantitativos e qualitativos, visto que se pretende favorecer apenas o efetivo pequeno empregador.

Prosseguindo o trabalho, ainda no mesmo capítulo, dado o caráter científico que desejamos incutir ao estudo, é importante cristalizar o sentido do que vem a ser globalização, apresentando as conseqüen-

---

(2) Código de Processo Civil. Art. 125 — O juiz dirigirá o processo conforme as disposições deste Código, competindo-lhe: I — assegurar às partes igualdade de tratamento; II, III e IV — omissos.

cias desta, pelo menos nos aspectos que julgamos essenciais no presente trabalho, para, ao final do capítulo, retornar ao pequeno empregador, mostrando o seu significado dentro deste contexto.

Em seqüência, no segundo capítulo, vamos direcionar a atenção para a questão dos direitos fundamentais, sua definição e a divisão em gerações, sempre permeando o tema do pequeno empregador, dando destaque aos artigos constitucionais já mencionados.

No mesmo capítulo, mas em uma segunda etapa, desenvolveremos a noção de princípio jurídico para, posteriormente, por meio da hermenêutica, propor uma proteção forte aos direitos fundamentais. Ao final do capítulo, provaremos que inexiste um tratamento diferenciado e favorável ao pequeno empregador, no plano processual, e que urge uma nova interpretação da norma jurídica.

Já no terceiro capítulo, fortalecidos pelos elementos desenvolvidos ao longo do trabalho, enfrentaremos a questão do depósito recursal para o pequeno empregador, apresentando possíveis soluções diante de uma nova ótica de tratamento jurídico diferenciado ao pequeno empregador, no plano processual.

Cumpre ressaltar, ainda, que, ao longo do trabalho, será analisada a hipótese de que o princípio constitucional de favorecimento ao pequeno empregador é norma jurídica de aplicação imediata, independentemente de intervenção legislativa, vinculando o Estado, neste caso em específico que tratamos do processo do trabalho, vinculando as decisões da Justiça do Trabalho, a um tratamento jurídico diferenciado em favor do pequeno empregador. Também será analisada a segunda hipótese, ou seja, o tratamento igualitário das partes no processo, que pode ser superado visto que, reconhecidamente, os desiguais não devem ser tratados de forma igual.

Tendo em vista que a obra partirá da lei para o caso concreto, verificando a aplicabilidade desta, será utilizado o método dedutivo. O trabalho desenvolver-se-á por meio de pesquisa de bibliografia e jurisprudência.

I – A Globalização e o Pequeno Empregador

1. O conceito de pequeno empregador

O primeiro passo deste trabalho, para a sua coerência e compreensão, é informar que adotamos o entendimento de que empregador e empresa são expressões gêmeas no âmbito do Direito do Trabalho. Nesta trilha, *Cotrim Neto*[3] afirma:

"No Direito do Trabalho o empregador é a emprêsa, ou, melhor dito, empregador e emprêsa são duas expressões com o mesmo conteúdo. — Empregador, ou emprêsa, é a fonte de trabalho, numa definição sintética que sugerimos."

Os longos debates, nos demais ramos do Direito, sobre o que venha a ser empresa, de nada adianta para o Direito do Trabalho, já que a noção de empresa varia em função do tipo de Direito (Comercial, Fiscal, do Trabalho), sendo inviável a formulação de um conceito genérico de empresa. A natureza polissêmica da palavra empresa é ressaltada por *Vilhena*[4] quando diz que "presta-se empresa a uma extraordinariamente diversificada constelação conceitual".

Inclusive, o novo Código Civil brasileiro (Lei n. 10.406, de 10.1.2002) regula a empresa por meio da pessoa do empresário[5], ou seja, consagra o perfil subjetivo da empresa, não mais se referindo a ela apenas como comércio. Neste angulo do Direito, a empresa é vista como atividade econômica organizada para a produção e a circulação de bens e serviços, exercida profissionalmente.

---

(3) COTRIM NETO, A. B. *Contrato e relação de emprego*. São Paulo: Max Limonad, 1944, p. 102.

(4) VILHENA, Paulo Emílio Ribeiro de. *Relação de emprego: estrutura legal e supostos*. São Paulo: Saraiva, 1975, p. 88.

(5) Código Civil. Art. 966 — Considera-se empresário quem exerce profissionalmente atividade econômica organizada para a produção ou a circulação de bens ou de serviços. Parágrafo único — Não se considera empresário quem exerce profissão intelectual, de natureza científica, literária ou artística, ainda com o concurso de auxiliares ou colaboradores, salvo se o exercício da profissão constituir elemento de empresa.

Ocorre que, no mundo do Direito do Trabalho, a palavra empresa é encontrada na legislação no sentido de empregador, como no caso dos arts. 460[6] e 492[7] da CLT.

Moraes Filho não aceita a afirmação de que empregador é a empresa[8], contudo, acertadamente, refere que "a tendência do direito do trabalho é estender cada vez mais a amplitude da empresa, com o objetivo de atingir sempre seu propósito de tutela a quem lhe presta serviço".[9]

Assim, cabe insistir que, neste trabalho, o termo empresa ou empregador significam fonte de trabalho. Reiteramos as palavras de *Cotrim Neto*[10]:

"Para sermos mais fiéis à nomenclatura clássica do civilismo, ou do comercialismo, nós poderíamos fazer distinções entre empregador e emprêsa, entre emprêsa e estabelecimento, mas isso tudo é perfeitamente dispensável na fixação do sujeito-empregador da formulação do contrato de emprego."

Devemos, ainda, afastar o entendimento de que empresa existe somente como exploração econômica visando ao lucro, já que se perdeu o sentido estrito de unidade econômica industrial, comercial ou agrícola, apesar de não ser unânime esta posição[11]. Trata-se de uma unidade organizada, autônoma, responsável e com capacidade de agir como sujeito de direito, podendo ter fins lucrativos ou não, materiais ou ideais.

---

(6) Art. 460 — Na falta da estipulação do salário ou não havendo prova sobre a importância ajustada, o empregado terá direito a perceber salário igual ao daquele que, *na mesma empresa*, fizer serviço equivalente, ou do que for habitualmente pago para serviço semelhante. (grifos nossos)

(7) Art. 492 — O empregado que contar mais de dez anos de serviço *na mesma empresa* não poderá ser despedido senão por motivo de falta grave ou circunstância de força maior, devidamente comprovadas. Parágrafo único — Considera-se como de serviço todo o tempo em que o empregado esteja à disposição do empregador. (grifos nossos)

(8) "Não só entre nós, como igualmente em autores alienígenas, é comum encontrar-se a afirmativa de que empregador é a emprêsa, o que nos parece êrroneo, ou, pelo menos, precoce para o estado atual do direito." [SIC] MORAES FILHO, Evaristo de. *Sucessão nas obrigações e a teoria da empresa.* Rio de Janeiro: Forense, v. II, 1960, p. 146.

(9) *Idem, ibidem*, p. 18.

(10) COTRIM NETO, A. B. *Op. cit.*, p. 103.

(11) Em sentido oposto: "... no art. 2º da CLT, alude-se à assunção dos riscos da atividade econômica, logo aí está presente o espírito ou a finalidade de lucro, excluindo assim aquêle escopo ideal ..." [SIC] MORAES FILHO, Evaristo de. *Introdução ao direito do trabalho.* São Paulo: LTr, 1971, p. 233.

Tratamento Jurídico Diferenciado à Pequena Empresa no Processo do Trabalho 19

Desta forma, podemos invocar o vocábulo empresa no caso de entidades como clubes, associações filantrópicas, esportivas, religiosas e outras organizações sem fins lucrativos, inclusive empresa pública. A exceção está no caso do empregador doméstico, que fica excluído do estudo deste trabalho, posto que não se enquadra no conceito de empresa, como destaca *Vilhena*[12] ao falar sobre o tema:

"Sua acepção doutrinária, portanto, é onicompreendida e comporta uma só exceção: a casa de família. Afastada a casa de família do campo de apreensão de estabelecimento e, sendo o estabelecimento parte integrante da empresa, desta, *ipso facto*, se exclui aquela."

Neste estudo, que possui cunho trabalhista, o vocábulo pequena empresa não se difere do vocábulo pequeno empregador e, quando a Constituição Federal menciona pequena empresa, principalmente nos arts. 170 e 179, entendemos que por ser vocábulo gêmeo, na esfera do Direito do Trabalho, pode ser compreendido como pequeno empregador.

Urge, ainda, também por uma questão pontual, indicar a nossa visão do que venha a ser pequena empresa ou pequeno empregador.

A primeira característica de pequena empresa, que surge em nossas mentes, para conceituá-la a mesma, é o número de empregados no empreendimento. Aliás, este é o critério com maior influência, como afirma *Dieste*[13], dizendo que o "critério quantitativo predominante na maioria das legislações, instituições e organismos internacionais é o do número de trabalhadores contratados pela empresa. É em função desse dado (numérico-ocupacional) que se determina a dimensão empresarial".

Entretanto, se a definição de pequena empresa for apenas o número de empregados, poderia ocorrer o equívoco de incluir empresas enxutas neste aspecto, contudo com grande receita e interligadas a grupos econômicos fortíssimos, trazendo proteção para quem não necessita.

Para indicar um exemplo desta situação, podemos referir a matéria publicada na revista Você S.A.[14] que envolve a empresa Master-Card brasileira:

---

(12) VILHENA, Paulo Emílio Ribeiro de. *Op. cit.*, p. 92.
(13) DIESTE, Juan Francisco. *Relações de trabalho nas pequenas e médias empresas.* Tradução Edilson Alkmim Cunha. São Paulo: LTr, 1997, p. 33.
(14) IACOMINI, Franco. "Pequenas de grife". *Você SA.* São Paulo, abril, ed. 49, ano 5, jul./ 02, p. 56. Disponível (Internet): *http://vocesa.abril.uol.com.br/*. Capturado em 27.8.2002.

"Durante o processo de seleção que o levaria a ser escolhido diretor de recursos humanos da MasterCard Brasil, Adriano Lima defrontou-se com uma surpresa e uma dúvida.

A surpresa ocorreu em sua primeira visita ao quartel-general da companhia no país. Acostumado a trabalhar em empresas com milhares de funcionários, como a Best Foods e o grupo Amil, não conseguiu esconder o estranhamento ao perceber que a companhia ocupava apenas um andar e que *tinha menos de 60 funcionários*. (...)

(...) Embora pequena em número de funcionários, a operação brasileira da MasterCard não tem nada de tímida. São 23 milhões de cartões de crédito e débito emitidos no país, e 650.000 estabelecimentos filiados." (grifos nossos)

Outra forma de buscar o conceito de pequena empresa poderia ser o de observar apenas a relação de bens envolvidos no empreendimento. Ocorre que, novamente, podemos ser conduzidos em equívoco, já que existem empreendimentos nos quais a quantidade de bens é insignificante, mas o seu porte e a sua receita podem ser elevados, como no exemplo de empresas prestadoras de serviços (segurança, limpeza, construção, entre outras) onde, por vezes, não existe sede própria, e muito menos maquinário, sendo composto o empreendimento apenas de um bom número de contratos com grandes clientes e um elevado número de empregados.

Mais uma alternativa para encontrar a definição poderia ser a verificação da receita[15] bruta ou líquida, estabelecendo um limite máximo. Contudo, grandes ou médios empreendimentos em épocas de depressão econômica podem realizar pouca receita. Assim, novamente podemos estar atribuindo tratamento diferenciado às grandes ou médias e não às pequenas empresas.

Não bastasse isso, na babel legislação brasileira, a definição de pequena empresa não é uníssona, como não poderia deixar de ser.

---

(15) "RECEITA. Derivado do latim *recepta*, forma feminina de *receptus*, de *recipere* (receber), é, na linguagem correntia e em sentido geral, compreendido como toda soma ou quantia recebida. A receita, assim, importa num recebimento de dinheiro ou de soma pecuniária. Na significação econômica, financeira, jurídica ou contábil, receita resulta sempre de uma entrada de numerário, recebimento de dinheiro ou arrecadação de verbas. PLÁCIDO E SILVA. *Vocabulário jurídico*. Rio de Janeiro — São Paulo: Forense, v. IV q-z, 1963, p. 1.299.

No âmbito municipal de Caxias do Sul, no art. 87[16] combinado com o art. 91[17] da Lei Complementar n. 12, de 28.12.1994, que institui o Código Tributário do Município em questão, a preocupação é, principalmente, com a receita. Além disso, veda a lei municipal a inclusão de empresas por ações, veda a mescla com outras pessoas jurídicas, na tentativa de excluir as empresas-satélites, ou seja, uma empresa principal e outras menores interligadas com o fito de obter os benefícios fiscais. Exclui, ainda, da definição, a pequena empresa onde venha a figurar como sócio, pessoa física ou jurídica domiciliada no exterior, para garantir que seja ela legitimamente brasileira. Além disso, também não admite no benefício alguns tipos de prestadores de serviços.

Na legislação estadual do Rio Grande do Sul, temos de destacar, inicialmente, a Constituição que refere no art. 160[18] o incentivo pre-

---

(16) Art. 87 — Consideram-se microempresas, no âmbito do Município, as pessoas jurídicas e as firmas individuais que tiverem receita bruta anual igual ou inferior ao valor nominal de 2.000 (duas mil) VRMs, vigente no mês, devendo a receita bruta ser apurada no período de primeiro de janeiro a trinta e um de dezembro. § 1º — Para efeito de apuração da receita bruta, considera-se: a) os limites da receita bruta serão calculados tomando-se por base as receitas mensais divididas pelos valores do VRM vigente nos respectivos meses; b) serão computadas todas as receitas da empresa, inclusive as não operacionais, sem quaisquer deduções, mesmo as permitidas na legislação do ISS; c) serão computadas as receitas de todos os estabelecimentos da empresa, prestadores ou não de serviços, sediados ou não no Município. § 2º — No primeiro ano de atividade, o limite da receita bruta será calculado proporcionalmente ao número de meses decorridos entre o mês da constituição da empresa e trinta e um de dezembro do mesmo ano. — Valor da VRM em setembro de 2002 = R$ 11,30. (fonte: http://www.caxias.rs.gov.br/. Capturado em 15.9.2002).
(17) Art. 91— Não se inclui no regime de microempresa: I — aquela considerada sob a forma de sociedade por ações; II — aquela em que o titular ou sócio seja pessoa jurídica ou, ainda, pessoa física domiciliada no exterior; III — aquela que participe do capital de outra pessoa jurídica, ressalvados os investimentos provenientes de incentivos fiscais efetuados antes da vigência desta Lei; IV — aquela cujo titular ou sócio participe com mais de cinco por cento (5%) do capital de outra empresa, desde que a receita bruta anual das empresas interligadas ultrapasse em conjunto o limite estabelecido no art. 87; V — aquela que realize operações ou preste serviços relativos a: a) importação de produtos estrangeiros; b) compra e venda, loteamento, incorporação, locação, administração ou construção de imóveis; c) armazenamento e depósito de produtos de terceiros; d) câmbio, seguro e distribuição de títulos e valores mobiliários; e) publicidade e propaganda; f) diversões públicas; VI — aquela que presta serviços profissionais de médico, engenheiro, advogado, dentista, veterinário, economista, despachante e outros serviços que se lhes possam assemelhar.
(18) Constituição Estadual do Rio Grande do Sul. Título VI — Da Ordem Econômica — Capítulo I — Disposições Gerais. Art. 160 — A lei instituirá incentivos ao investimento e à fixação de atividades econômicas no território do Estado, objetivando desenvolver-lhe as potencialidades, observadas as peculiaridades estaduais. Parágrafo único — Os incentivos serão concedidos preferencialmente: I — às formas associativas e cooperativas; II — às pequenas e microunidades econômicas; III — às empresas que, em seus estatutos, estabeleçam a participação: a) dos trabalhadores nos lucros; b) dos empregados, mediante eleição direta por estes, em sua gestão.

ferencial para as pequenas unidades econômicas. Além disso, a Lei n. 10.045, de 29.12.1993, que estabelece tratamento diferenciado às microempresas e às empresas de pequeno porte. No art. 2º[19], define pequenas empresas como aquelas que "promovam saídas de mercadorias" até um determinado limite, ou seja, mais uma vez o legislador preocupou-se com a receita, e combinando o art. 4º[20], da mesma lei, repete-se a exclusão de empresas constituídas sob a forma de sociedade por ações e a mescla com outras pessoas jurídicas, na mesma situação da lei municipal. Também não admite a definição da pequena empresa onde possa figurar sócio, seja pessoa física ou jurídica domiciliada no exterior e, por fim, a lei não aceita alguns tipos de prestadores de serviços.

Por sua vez, a legislação federal mais recente primeiramente fez referência por meio da Lei n. 7.256/84[21] e, com a promulgação da Consti-

---

(19) Art. 2º — Para os fins desta lei, desde que satisfaçam, cumulativamente, as condições previstas nos incisos deste artigo, consideram-se: I — microempresas, as sociedades e as firmas individuais, exceto os produtores rurais que: a) inscrevam-se como microempresas no Cadastro Geral de Contribuintes de Tributos Estaduais (CGC/TE); b) promovam saídas de mercadorias, em cada ano-calendário, cujo valor total não seja superior ao de 3.500 (três mil e quinhentas) Unidades Padrão Fiscal do Estado do Rio Grande do Sul (UPF-RS), salvo em relação às empresas industriais cujas saídas não poderão ultrapassar o dobro do referido limite; II — microprodutores rurais aqueles que, estando inscritos no CGC/TE e sendo possuidores, a qualquer título, por si, seus sócios, parceiros, meeiros, cônjuges ou filhos menores, de até 25 (vinte e cinco) hectares de terras, promovam saídas de mercadorias, em cada ano-calendário, cujo valor total não seja superior ao de 10.000 (dez mil) UPF-RS; III — empresas de pequeno porte as sociedades e as firmas individuais, exceto os produtores rurais, que: a) inscrevam-se como empresa de pequeno porte no CGC/TE; b) promovam saídas de mercadorias, em cada ano-calendário, cujo valor total não seja superior ao de 100.000 (cem mil) UPF-RS. Parágrafo único — Os limites de saídas de mercadorias referidos neste artigo serão proporcionais ao número de meses ou fração de mês de atividades da empresa ou do microprodutor rural.
(20) Art. 4º — Não se inclui no regime desta lei a empresa: I — constituída sob a forma de sociedade por ações; II — em que qualquer sócio seja pessoa jurídica ou, ainda, pessoa física domiciliada no exterior; III — que participe do capital de outra pessoa jurídica, ressalvados os investimentos provenientes de incentivos fiscais; IV — cujo sócio ou o titular de firma individual, seus cônjuges ou filhos menores, participem, ou tenham participado no ano-base, com mais de 5% (cinco por cento) do capital de outra empresa; V — que realize operações relativas a armazenamento e depósito de produtos de terceiros; VI — que mantenha relação de interdependência com outra; VII — que preste serviços de transporte interestadual e/ou intermunicipal, ou de comunicação; VIII — cindida e as sociedades e/ou firmas individuais que absorvam parcela de seu patrimônio. 1º — O disposto nos itens III e IV deste artigo não se aplica à participação de microempresas e de empresas de pequeno porte em Centrais de Compras, Consórcios de Exportação e outras associações assemelhadas. 2º — Para os fins desta lei, a firma individual equipara-se à pessoa jurídica. 3º — O disposto neste artigo aplica-se, no que couber, ao microprodutor rural.
(21) Definia como a pessoa jurídica e a firma individual que tiverem receita bruta anual igual ou inferior ao valor nominal de 10.000 (dez mil) OTNs.

Tratamento Jurídico Diferenciado à Pequena Empresa no Processo do Trabalho   23

tuição Federal de 1988, no art. 47, § 1º.[22], do Ato das Disposições Constitucionais Transitórias, reafirmou a definição; contudo, trata-se de algo provisório na espera do surgimento de nova lei. Somente por meio da Lei n. 8.864, de 28.3.1994, surgiu nova norma neste sentido, a qual estabelecia tratamento diferenciado e simplificado nos campos administrativo fiscal previdenciário, trabalhista, creditício e de desenvolvimento empresarial, mas tal legislação foi revogada pela Lei n. 9.841, de 5.10.1999, que instituiu o Estatuto da Microempresa e da Empresa de Pequeno Porte. Temos, ainda, o Decreto n. 3.474, de 19.5.2000, que regulamenta a Lei antes referida, bem como a Lei n. 9.317, de 5.12.1996, que dispõe sobre o regime tributário destas empresas, instituindo o Sistema Integrado de Pagamento de Impostos e Contribuições das Microempresas e das Empresas de Pequeno Porte — SIMPLES, e a referida lei ainda dá outras providências.

Assim, a definição de microempresa ou empresa de pequeno porte, dada pela Lei n. 9.841[23], é a mais atual e persegue o modelo da receita bruta, bem como exclui da definição a pequena empresa que

---

(22) Art. 47 — Na liquidação dos débitos, inclusive suas renegociações e composições posteriores, ainda que ajuizados, decorrentes de quaisquer empréstimos concedidos por bancos e por instituições financeiras, não existirá correção monetária desde que o empréstimo tenha sido concedido: § 1º — Consideram-se, para efeito deste artigo, microempresas as pessoas jurídicas e as firmas individuais com receitas anuais de até dez mil Obrigações do Tesouro Nacional, e pequenas empresas as pessoas jurídicas e as firmas individuais com receita anual de até vinte e cinco mil Obrigações do Tesouro Nacional.
(23) Capítulo II — Da Definição de Microempresa e de Empresa de Pequeno Porte — Art. 2º — Para os efeitos desta Lei, ressalvado o disposto no art. 3º, considera-se: I — microempresa, a pessoa jurídica e a firma mercantil individual que tiver receita bruta anual igual ou inferior a R$ 433.755,14 (quatrocentos e trinta e três mil, setecentos e cinqüenta e cinco reais e quatorze centavos), valor modificado pelo Decreto n. 5.028, de 31 de março de 2004. II — empresa de pequeno porte, a pessoa jurídica e a firma mercantil individual que, não enquadrada como microempresa, tiver receita bruta anual superior a R$ 433.755,14 (quatrocentos e trinta e três mil, setecentos e cinqüenta e cinco reais e quatorze centavos) e igual ou inferior a R$ 2.133.222,00 (dois milhões, cento e trinta e três mil, duzentos e vinte e dois reais), Decreto n. 5.028. § 1º — No primeiro ano de atividade, os limites da receita bruta de que tratam os incisos I e II serão proporcionais ao número de meses em que a pessoa jurídica ou firma mercantil individual tiver exercido atividade, desconsideradas as frações de mês. § 2º — O enquadramento de firma mercantil individual ou de pessoa jurídica em microempresa ou empresa de pequeno porte, bem como o seu desenquadramento, não implicarão alteração, denúncia ou qualquer restrição em relação a contratos por elas anteriormente firmados. § 3º — O Poder Executivo atualizará os valores constantes dos incisos I e II com base na variação acumulada pelo IGP-DI, ou por índice oficial que venha a substituí-lo. Art. 3º — Não se inclui no regime desta Lei a pessoa jurídica em que haja participação: I — de pessoa física domiciliada no exterior ou de outra pessoa jurídica; II — de pessoa física que seja titular de firma mercantil individual ou sócia de outra empresa que receba tratamento jurídico diferenciado na forma desta Lei, salvo se a participação não for superior a dez por cento do capital

tenha participação de sócio, seja pessoa física ou jurídica domiciliada no exterior ou de outra pessoa jurídica ou de pessoa física que seja titular de firma mercantil individual ou sócia de outra empresa que receba tratamento jurídico diferenciado na forma da mesma lei, salvo se a participação não for superior a cinco por cento do capital social, limitando o privilégio para as empresas com características brasileiras e vedando a duplicidade do benefício, com o fito de proibir o fracionamento das empresas para obter, de forma indiscriminada, o tratamento privilegiado.

Nítido é que as definições estão muito mais preocupadas com o aspecto tributário, porém poderiam servir para o Direito do Trabalho, especialmente a lei federal. Mas o sentimento que se apresenta é de insatisfação com a definição dada pelo legislador, que dá preferência à receita como característica dominante da pequena empresa, priorizando o pressuposto quantitativo. Claro ficou que a maior facilidade de verificação dos dados pelos pressupostos quantitativos indica sua escolha, como bem salienta *Dieste*[24]:

"A pouca operatividade dos critérios qualitativos, de um lado, e a persuasão que exerce a informação estatística, de outro, explicam a preferência em geral observada pela utilização dos elementos quantitativos. Além disso, o rigoroso gerenciamento desses elementos oferece mais segurança, especialmente na aplicação de normas jurídicas."

Ocorre que, como dito anteriormente, a receita é volúvel e, em épocas de dificuldade econômica, grandes ou médios empreendimentos podem realizar pouca receita, tornando a definição franzina.

Aliás, a verificação do pressuposto quantitativo deve-se dar periodicamente com o efeito de manter, possibilitar o ingresso ou o reingresso na categoria ou desenquadrar, excluindo a empresa. Tanto que o art.

---

social de outra empresa desde que a receita bruta global anual ultrapasse os limites de que tratam os incisos I e II do art. 2º. Parágrafo único — O disposto no inciso II deste artigo não se aplica à participação de microempresas ou empresas de pequeno porte em centrais de compras, bolsas de subcontratação, consórcios de exportação e outras formas de associação assemelhadas, inclusive as de que trata o art. 19 desta Lei. Art. 19 — O Poder Executivo estabelecerá mecanismos de incentivos fiscais e financeiros, de forma simplificada e descentralizada, às microempresas e às empresas de pequeno porte, levando em consideração a sua capacidade de geração e manutenção de ocupação e emprego, potencial de competitividade e de capacitação tecnológica, que lhes garantirão o crescimento e o desenvolvimento. (24) DIESTE, Juan Francisco. *Op. cit.*, p. 32.

Tratamento Jurídico Diferenciado à Pequena Empresa no Processo do Trabalho   25

$8^{\circ,(25)}$, da Lei n. 9.841/99, estabelece esta periodicidade, e os arts. $32^{(26)}$ e $33^{(27)}$ da mesma lei estabelecem responsabilidade administrativa e penal para quem informe fraudulentamente. Portanto, o que interessa para o enquadramento é a receita no Estatuto da Microempresa e da Empresa de Pequeno Porte.

Na legislação estrangeira, persiste a idéia de priorizar os pressupostos quantitativos. No Canadá, México, Irlanda, Suíça, Alemanha, Rússia, Austrália e no Irã, o critério para definição é apenas o número de empregados. No Chile, unicamente o faturamento anual. Na Argentina, Venezuela, Peru, Israel, Malásia e na Dinamarca, os critérios são o faturamento anual e o número de empregados. No Equador, são o número de empregados e o volume de capital. No Uruguai, os critérios são o número de empregados, faturamento anual e ativo[28].

A preocupação com uma precisa definição já é reconhecida por instituições internacionais como a União Européia, o que se pode observar na Recomendação da Comissão Européia de maio de 2003:

"Em conseqüência da aprovação, no Conselho Europeu de Santa Maria da Feira, em Junho de 2000, da Carta Européia das Pequenas Empresas, há que definir mais precisamente as microempresas, que constituem uma categoria de pequenas empresas

---

(25) Art. 8º — O desenquadramento da microempresa e da empresa de pequeno porte dar-se-á quando excedidos ou não alcançados os respectivos limites de receita bruta anual fixados no art. 2º. § 1º — Desenquadrada a microempresa, passa automaticamente à condição de empresa de pequeno porte, e esta passa à condição de empresa excluída do regime desta Lei ou retorna à condição de microempresa. § 2º — A perda da condição de microempresa ou de empresa de pequeno porte, em decorrência do excesso de receita bruta, somente ocorrerá se o fato se verificar durante dois anos consecutivos ou três anos alternados, em um período de cinco anos.
(26) Art. 32 — A pessoa jurídica e a firma mercantil individual que, sem observância dos requisitos desta Lei, pleitear seu enquadramento ou se mantiver enquadrada como microempresa ou empresa de pequeno porte estará sujeita às seguintes conseqüências e penalidades: I — cancelamento de ofício de seu registro como microempresa ou como empresa de pequeno porte; II — aplicação automática, em favor da instituição financeira, de multa de vinte por cento sobre o valor monetariamente corrigido dos empréstimos obtidos com base nesta Lei, independentemente do cancelamento do incentivo de que tenha sido beneficiada.
(27) Art. 33 — A falsidade de declaração prestada objetivando os benefícios desta Lei caracteriza o crime de que trata o art. 299 do Código Penal, sem prejuízo de enquadramento em outras figuras penais.
(28) Ministério do Desenvolvimento, Indústria e Comércio Exterior, Secretaria do Desenvolvimento da Produção, Departamento de Micro, Pequenas e Médias Empresas. *Micro, pequenas e médias empresas: definições e estatísticas internacionais.* Disponível (Internet): *http:/ /www.mdic.gov.br/progacoes/MPMe/doc/defineMPE.PDF.* Capturado em 22.1.2004.

especialmente importante para o desenvolvimento do espírito empresarial e para a criação de empregos."[29]

Desta forma, a Recomendação da Comissão Européia em questão busca clarificar o conceito, trazendo como critério principal o número de pessoas empregadas e, aliado a este, o critério financeiro envolvendo o volume de negócios combinado com o do balanço total, "que reflete o patrimônio global de uma empresa, podendo um dos critérios ser ultrapassado".[30] Por fim, a Recomendação menciona a possibilidade da existência de grupos de empresas, limitada ao grau de vinte e cinco por cento (25%) de participação do capital ou dos direitos de voto detido por uma ou várias empresas que não sejam pequenas ou médias.

A novidade está no critério qualitativo, que limita a participação de outras empresas em percentual. Por outro lado, o equívoco está exatamente em autorizar a participação, visto que legaliza e estimula a criação de empresas-satélites que podem objetivar apenas aos benefícios de ser pequenas, desvirtuando o verdadeiro pequeno empregador.

No Mercosul, as Resoluções GMC n. 90/93 e GMC n. 59/98[31] trazem os parâmetros de definições para as pequenas empresas. Utiliza-se o critério quantitativo, sendo ele uma combinação do número de pessoas empregadas e o nível anual de faturamento e, também está presente, o critério qualitativo em que a pequena empresa não deverá estar controlada por outra empresa ou pertencer a um grupo econômico que, em seu conjunto, supere os valores de faturamento estabelecidos, de vez que este prevalece sob o número de pessoas ocupadas.

Nota-se que o conceito apenas se torna um pouco mais rígido no critério qualitativo, mas o sentimento de insatisfação permanece.

Um caminho para desatar este verdadeiro nó górdio pode ser a importante definição de pequeno empresário contida no Código Civil italiano de 1942, que, no art. 2.083, afirma:

---

(29) Recomendação da Comissão de 6.5.2003 relativa à definição de micro, pequenas e médias empresas [notificada com o número C(2003)1422] (2003/361/CE). Disponível (Internet): *http://europa.eu.int/eur-lex/pri/pt/oj/dat/2003/l_124/l_12420030520pt00360041.pdf*. Capturado em 24.1.2004.
(30) *Idem.*
(31) MERCOSUL. Mercosul/GMC/RES n. 90/93 e Mercosul/GMC/RES n. 59/98. Disponível (Internet) e direto nos textos: *http://www.sice.oas.org/trade/mrcsrs/resolutions/RES9093.asp* e *http://www.sice.oas.org/trade/mrcsrs/resolutions/res5998p.asp.* Capturado em 28.8. 2003.

Tratamento Jurídico Diferenciado à Pequena Empresa no Processo do Trabalho 27

"Sono piccoli imprenditori i coltivatori del fondo, gli artigiani, i piccoli commercianti e coloro che esercitano un'attività professionale organizzata prevalentemente con il lavoro proprio e dei componenti della famiglia."[32]

O texto da lei italiana apresenta, como característica dominante, a participação do pequeno empresário e de seus familiares, com muita intensidade, na força de trabalho, seja intelectual ou muscular, para se encaixar no conceito de pequeno. A definição pressupõe a atividade direta do pequeno empresário, auxiliado por familiares ou por empregados, mas devendo haver grande participação e empenho do próprio empreendedor, não podendo prescindir do seu trabalho, sob pena de deixar de ser pequeno.

Assim, quando o trabalho de um empreendedor passa a limitar-se a simples atividade de direção e supervisão e, em conseqüência, o trabalho de seus colaboradores passa a prevalecer, materialmente, sobre o do empreendedor, deixa ele de ser pequeno, e transforma-se em empresário normal.

Cabe referir que o conceito de família é vasto, sendo que *Prunes*[33], após advertir a complexidade do conceito, salienta: "O que é certo é que a família é um conjunto de indivíduos que vivem juntos, sob a autoridade ou responsabilidade de um de seus membros, unidos por vínculos legais ou naturais de parentesco e afetividade." No caso presente, deve ser restrito a filhos, esposa e até a outros parentes, contanto que sejam dependentes do empreendedor, sob pena de inclusão de numerosa família, escapando do conceito estreito de pequena empresa.

Em análise ao conceito dado pelo legislador italiano, *Fracarolli*[34] salienta que não só existe a necessidade de participação direta do pequeno empresário na força de trabalho, mas também deve ser observado o limite de capital empregado.

---

(32) Codice Civile: Disponível (Internet): *http://www.codicisimone.it/codici/index0.htm*. Capturado em 1º.10.2002. Tradução de DINIZ, Souza. *Código Civil italiano*. Rio de Janeiro: Record, 1961. *(são pequenos empresários os cultivadores diretos das terras, os artífices, os pequenos comerciantes e aqueles que exercem uma atividade profissional organizada principalmente com o trabalho próprio e com o dos componentes da família).*
(33) PRUNES, José Luiz Ferreira. *Contrato de trabalho doméstico e trabalho a domicílio*. Curitiba: Juruá, 1995, p. 51.
(34) FRACAROLLI, Luiz Machado. *Pequena e média empresas: aspectos legais*. São Paulo: Pioneira, 1975, pp. 26-27.

"A lei exige expressamente a prevalência do trabalho do pequeno empresário e de seus familiares. A primeira exegese foi no sentido de definir que a prevalência deve ser sobre o trabalho alheio de que o pequeno empresário lance mão, entendendo, pois, que a redação do art. 2.083 do Código Civil deixa entrever a possibilidade de contratação de assalariados. Por outro lado, os autores sempre têm considerado que a empresa, em sentido lato, pressupõe a organização do trabalho alheio. Ante o texto da lei, a conclusão de boa parte da doutrina foi no sentido de estabelecer que a prevalência de que fala não só sobre o trabalho alheio, *mas também sobre o capital empregado.*" (grifos nossos)

Concordamos nesta parte. Não basta verificar o pressuposto qualitativo, mas também o quantitativo envolvido no empreendimento. Caso contrário, podemos alcançar benefícios para empreendedores que trabalham quase que exclusivamente com sua força produtiva, negociando objetos de altíssimo valor (*v. g.* diamantes), ou, no caso da empresa Rolls-Royce, que fabrica automóveis de alto valor e elevada perfeição técnica por encomenda, bem como no caso antes referido da Master-Card brasileira, apropriadamente referidas como "pequenas de grife".

É oportuno raciocinar sobre o que se refere ao limite de capital empregado para ser considerado pequeno. O legislador poderia estabelecer um valor-limite, porém é provável que cometa equívoco, já que a definição de pequeno, no campo dos negócios, é relativa, dependendo do ponto de vista que estamos analisando, como bem refere *Merrill*[35]:

"O pequeno tamanho da companhia é relativo à sua indústria como um todo, dependendo de como o negócio em questão se compara com os líderes no ramo. O exemplo clássico, por certo, ocorre na indústria automobilística, da qual um dos membros menores podem ser um gigante em têrmos de vendas e bens, em comparação com emprêsas de outros ramos.

Em suma, 'tamanho' — como George Meredith salientou — 'é uma questão de opinião'."

Todavia, não podemos estabelecer na legislação um limite de capital para cada setor ou ramo da atividade econômica, sob pena

---

(35) MERRILL, Harwood F. *A pequena ou média emprêsa no atual mundo dos negócios: administrando a pequena e média emprêsa.* São Paulo: Management Center do Brasil, 1964, p. 4.

Tratamento Jurídico Diferenciado à Pequena Empresa no Processo do Trabalho 29

de nunca chegar ao final pretendido sobre o conceito de pequena empresa. Aliás, seria necessário modificar e ampliar o conceito com a criação de novos nichos de empreendimentos que, nos últimos tempos, têm crescido em velocidade impressionante.

Desta forma, melhor seria apreciar a questão envolvida caso a caso, considerando o volume de capital em relação ao empreendimento realizado, sempre com ponderação.

As pistas deixadas até este momento do estudo indicam como pequeno empregador aquele que empenha a força física ou intelectual, inclusive com familiares, de forma determinante, no empreendimento, na busca de lucro ou ideal, com capital reduzido e uma receita bruta baixa que indica poucos recursos e, quase sempre, serve apenas para garantir o próprio sustento do empresário e de sua linhagem. Mas ainda falta algo para se chegar ao conceito pretendido.

Fracarolli[36] lança o seguinte conceito de pequeno empresário:

"Pequeno empresário é a pessoa, física ou jurídica, que desenvolve atividade de natureza artesanal, em um só estabelecimento, com o predomínio do trabalho próprio e de familiares (do empresário ou dos componentes da sociedade), utilizando-se apenas de um pequeno capital, usufruindo uma limitada renda bruta anual e contraindo débitos que totalizem sempre importância de pequeno vulto."

Interessante definição, que abarca os pressupostos qualitativos e quantitativos que reputamos serem indispensáveis no conceito. Contudo, a necessidade de um só estabelecimento não parece ser imprescindível, já que podemos ter um pequeno empresário com mais de um estabelecimento, até pelo fato de que seus familiares mais próximos são aceitos como integrantes da força de trabalho.

Além disso, não esclarece se o empresário busca apenas o lucro e não afasta as empresas-núcleos das empresas-satélites de um grupo econômico, que podem ter sido criadas apenas para buscar o benefício de ser pequeno.

Para *Dieste*[37], o critério "numérico-ocupacional", ou seja, o número de empregados no empreendimento "continua sendo o mais apro-

_____

(36) FRACAROLLI, Luiz Machado. *Op. cit.*, p. 154.
(37) DIESTE, Juan Francisco. *Op. cit.*, p. 40.

priado para classificar as empresas segundo sua dimensão", o que discordamos anteriormente, já que, isolado, o critério pouco adianta. Entretanto, o mesmo autor alinha os elementos comuns utilizados pela maioria das definições:

"... é a empresa que, qualquer que seja sua atividade e a forma jurídica que adote, é dirigida pessoalmente por seus proprietários, possui um reduzido quadro de pessoal, não ocupa posição dominante em seu setor, não dispõe de elevados recursos econômicos, o valor de seu faturamento anual e seu capital são reduzidos com relação ao setor econômico onde opera, não está direta ou indiretamente vinculada aos grandes grupos financeiros e, embora possa ter relações com outras grandes empresas, juridicamente não depende delas."[38]

A quantidade de elementos citados indica a complexidade do conceito a ser dado. Ao referir que deve ser dirigida pessoalmente, falta-lhe observar que o pequeno empresário não só dirige, porque também participa decisivamente na força de trabalho. Além disso, desnecessariamente menciona a posição de não dominante do setor, visto que sendo pequena não pode ser dominante. Quando se refere a grupos financeiros, dá a entender, de forma restritiva, a grupos dedicados à circulação e à gestão do dinheiro e de outros recursos líquidos. Melhor teria sido referir grupo econômico. Por fim, não destaca que o pequeno empresário quase sempre está preocupado com a sua mantença e de sua linhagem, bem como se busca o lucro ou a satisfação de um ideal.

Assim, depois destas reflexões, lançamos à sorte um conceito de pequeno empregador (ou pequena empresa). Trata-se daquele que, como pessoa física ou jurídica, de forma organizada, desenvolve sua atividade, podendo ter fins lucrativos ou não, empenhando direta e decisivamente a sua força de trabalho e, se for o caso, também de seus familiares mais próximos, com reduzido quadro de pessoal. Faz uso de pouco capital e baixa renda bruta com relação ao setor onde opera, buscando a sua própria mantença ou seu ideal, e que não faça parte de grupo econômico ou esteja interligado com outro empregador, inclusive por meio de sócios comuns de empresas pequenas, médias ou grandes.

Por fim, cumpre ressaltar que não estamos incluindo no nosso conceito a exigência de domicílio no Brasil do pequeno empregador, já

---

(38) DIESTE, Juan Francisco. *Op. cit.*, p. 28.

Tratamento Jurídico Diferenciado à Pequena Empresa no Processo do Trabalho 31

que sua força de trabalho é indispensável e, conseqüentemente, deve estar presente no Brasil e não. no exterior.

O conceito esboçado até aqui não obedece a um mero afã especulativo, pretende clarificar o campo semântico, quer dizer, o uso da linguagem comum e doutrinal da expressão pequeno empregador. Considera-se indispensável a definição para o desenvolvimento coeso deste trabalho, não só para atender ao caráter científico, mas também pelo fato de que a Constituição Federal menciona o termo pequena empresa, junto aos princípios gerais da atividade econômica, e o desejo foi de trazer o verdadeiro significado da expressão pequena empresa, no âmbito do Direito do Trabalho, diante da insatisfação com as posições pesquisadas na doutrina.

Além disso, mais uma vez, almejando a cientificidade e clareza deste estudo, vamos examinar o que vem a ser globalização.

2. O que é globalização?

A globalização poderia ser encarada como um processo de interação de povos em diversos momentos históricos, como o do Império Romano, ou o período das grandes descobertas dos séculos XIV e XV, desbravando novos continentes, ou outros momentos em que houve o aumento da circulação de mercadorias, a interação entre povos de origens diversas, a influência cultural, bem como outros fatores. Ocorre que, quando nos referimos à globalização, neste texto, estamos diante dos fatos históricos mais recentes, ocorridos nas últimas décadas.

Em quase todos os textos que tratam da globalização, existe o consenso de que este fenômeno é inevitável, definitivo. Por outro lado, este ainda não se completou, não chegou ao seu fim, tornando a sua conceitualização difícil e polêmica. Para *Souto Maior*[39], "a globalização se apresenta como uma realidade que ainda não se completou, mas que se concretizará, inevitavelmente" e, neste sentido, *Oliveira*[40] afirma ser:

"A compreensão do fenômeno, visto como objeto de um novo conhecimento, mostra-se complexo, ainda insipiente (Las políticas

---

(39) SOUTO MAIOR, Jorge Luis. "Globalização". *Juris Síntese Millennium*. São Paulo: Síntese, n. 30, jul./ago./01 — CD-ROM.
(40) OLIVEIRA, Odete Maria de. "Integração: um desafio à globalização?" *Juris Síntese Millennium*. São Paulo: Síntese, n. 30, jul./ago./01 — CD-ROM.

de globalización han constituido un desafio al que hasta ahora los intelectuales no han sabido respondere com claridad. — GARRIDO, Luis Javier. "La critica del neoliberalismo realmente existe". *In* CHOMSKY, Noam, DIETERICH, Heinz, *La sociedad global*, México, 1995, p. 7)."

Por fim, uma opinião atual, a de *Thomas*[41], é de que "a globalização é um fenômeno altamente complexo, ainda em evolução".

Desta forma, fica claro que não pretendemos esgotar o assunto apresentando um conceito cabal, mas indicar o ponto de referência para a melhor compreensão de nosso estudo.

O enfoque dado pelos textos consultados mostra que a globalização trata-se de um fenômeno econômico e tecnológico, contudo atinge outros aspectos da sociedade, especialmente o cultural.

Para *Souto Maior*[42], "trata-se de um fenômeno econômico resultante do reconhecimento das diversas partes do mundo, devido a uma crise generalizada, de que seria preciso unir esforços para supressão de deficiências locais". Nesta vertente da questão econômica, surge o capital internacional volátil, o que *Muzio*[43] salienta como sendo "o papel das finanças". A mesma autora descreve a crise do petróleo como o mecanismo com o qual os bancos internacionais passaram a ter grandes e imediatos lucros, controlando as nações em desenvolvimento, por meio dos "socorros", dando início à globalização e ao novo modelo político.

Uma visão bastante esclarecedora da existência e da força desses capitais internacionais é dada por *Coelho da Costa*[44], que afirma:

"Analogamente, a pré-condição da globalização é a acumulação de enormes capitais internacionais, capazes de fluir instantaneamente de um país para outro, que já se concretizaram num mercado global de divisas e derivativos de US$ 60 a 100 trilhões — duas ou três vezes o PIB mundial — girando à razão de três tri-

---

(41) THOMAS, Victor Bulmer. "Um fato novo na globalização: o perigo". *Revista Veja*. São Paulo, abril, ed. 1.732, ano 34, n. 51, 26.12.2001, p. 165.

(42) SOUTO MAIOR, Jorge Luis. "Globalização". *Op. cit.*, CD-ROM.

(43) MUZIO, Gabriele. "A globalização como o estágio de perfeição do paradigma moderno: uma estratégia possível para sobreviver à coerência do processo". *In: Os sentidos da democracia*. Petrópolis: Vozes, 1999, p. 142.

(44) COELHO DA COSTA, Antonio Luiz Monteiro. *O que é globalização?* Disponível (Internet): *http://sites.uol.com.br/antonioluizcosta/Globaliza1.htm*. Capturado em 27.12.2001.

Tratamento Jurídico Diferenciado à Pequena Empresa no Processo do Trabalho   33

lhões de dólares por dia. Nos EUA dos anos 50, 60 e início dos 70, por exemplo, 60 a 80% das operações de divisas referiam-se a transações financeiras relativas à importação ou exportação, mas essa porcentagem caiu para 23% em 1976, 5% em 1982, 2% em 1992 e 0,5% em 1997. Ou seja, essa circulação de divisas é duzentas vezes maior que o necessário para movimentar o comércio físico de mercadorias entre os EUA e o resto do mundo. O crescimento explosivo desse mercado (oito vezes de 1992 a 1997) não pode ser considerado uma monstruosa 'bolha' especulativa (como crêem certos conservadores e parte da esquerda), nem uma mera expansão dos mercados financeiros tradicionais. Deve ser visto como o nascimento de algo qualitativamente novo, permanente e funcional na nova ordem internacional, se não como a instalação de seu eixo central."

Os impressionantes números sinalizam a força destes capitais, e grande razão assiste ao autor quando salienta que se trata de algo novo, permanente e funcional. Os capitais internacionais estão inseridos na nova ordem mundial e de nada adianta ser apenas contra. Necessário se faz conviver com eles, aproveitando o capital internacional naquilo que pode ser positivo, como a possibilidade de investimentos diversificados, buscando a melhor condição de vida da população.

A livre movimentação do capital internacional é referida por *Thomas*[45] como sendo a chave para a globalização, quando afirma que: "as novas medidas para restringir a movimentação de pessoas não implicam restrições na movimentação de capital (a meu ver, a chave para a globalização)".

Portanto, negociantes de títulos cambiais e ações movimentam cada vez mais um fluxo crescente de capitais de investimento, em escala global, podendo, inclusive, decidir o futuro de países. *Chesnais*[46] adverte que "as instituições financeiras, bem como os 'mercados financeiros' (cujos operadores são mais fáceis de identificar do que faz supor essa expressão tão vaga), erguem-se hoje como força independente todo-poderosa perante os Estados".

---

(45) THOMAS, Victor Bulmer. *Op. cit.*, p. 165.
(46) CHESNAIS, François. *A mundialização do capital.* Tradução Silvana Finzi Foá. São Paulo: Xamã, 1996, p. 239.

Aliás, de forma muita apropriada, *Martin*[47] salienta a velocidade deste capital internacional dizendo que "os caçadores de lucro agem com velocidade da luz numa rede de dados tentacular, de escala mundial: uma utopia eletrônica, cuja complexidade é ainda mais intrincada do que a matemática na qual se baseia cada transação".

Ocorre que este capital internacional exige movimentação constante e veloz. Portanto, o fenômeno da globalização não está baseado apenas nesse sistema de capitais. Veio acompanhado de uma revolução da informação, conforme afirma *Gaarden*[48]:

"Aqui está o século XX, Sofia. A partir do renascimento, o mundo começou a explodir, por assim dizer (...) — Estou querendo dizer que o mundo inteiro está sendo ligado em uma única rede de comunicação. Há não muito tempo, os filósofos ainda levavam muitos dias no lombo de um cavalo ou no interior de um coche para observar o mundo, ou então para encontrar outro pensador. Hoje em dia, em qualquer parte deste planeta podemos nos sentar diante de um computador e trazer até nós informações sobre toda a experiência humana. (...) Nos últimos trinta ou quarenta anos, a evolução tecnológica, sobretudo ao que se refere aos meios de comunicação, foi mais dramática do que toda a história até então. E o que estamos vivendo hoje pode ser apenas o começo."

A revolução da informação possibilitou o acesso rápido e amplo de uma gama de informações nunca antes vista, revolucionando a noção de espaço, quebrando barreiras, aproximando culturas, inclusive provocando choques entre culturas antagônicas, gerando novos conflitos, tirando a noção de tempo e espaço até então existentes, ampliando horizontes e modificando a sociedade.

Aliás, *Huntington*[49] evidencia a importância de uma ordem internacional baseada nas civilizações para evitar a guerra mundial, reconhecendo que "no mundo atual, os progressos em transportes e comunicações produziram interações mais freqüentes, mais intensas, mais simétricas e mais abrangentes entre pessoas de civilizações diferentes. Em conseqüência, suas identidades civilizacionais tornam-se cada

---

(47) MARTIN, Hans-Peter. *A armadilha da globalização.* 6ª ed. São Paulo: Globo, 1999, p. 73.
(48) GAARDEN, Jostein. *O mundo de Sofia.* 4ª ed. São Paulo: Schwarcz, 1996, pp. 495-496.
(49) HUNTINGTON, Samuel P. *O choque de civilizações e a recomposição da ordem mundial.* Rio de Janeiro: Objetiva, 1996, p. 159.

vez mais proeminentes". Assim, a revolução da informação está aproximando povos e países com culturas parecidas e afastando os povos e países com culturas diferentes, fraturando a noção de espaço territorial de cada país e gerando graves choques de civilizações.

Sobre a revolução da comunicação, *Muzio*[50] afirma que "a última onda em inovações tecnológicas está em grande medida centrada em torno de TICs que geram a revolução da informação; e esta praticamente radicou as dimensões física e psicológica do espaço e do tempo".

A modificação da noção de tempo e espaço é revolucionária e exige novos conceitos, o que também é referido por *Ianni*[51]:

"Desde que se acelerou o processo de globalização do mundo, modificaram-se as noções de espaço e tempo. A crescente agilização das comunicações, mercados, fluxos de capitais e tecnologias, intercâmbios de idéias e imagens, modifica os parâmetros herdados sobre a realidade social, o modo de ser das coisas, o andamento do devir. As fronteiras parecem dissolver-se. As nações integram-se e desintegram-se."

O quadro da globalização proporcionado pela nova ordem econômica e pelas novas tecnologias, como dito, é inevitável e traz conseqüências nas mais diversas partes da sociedade, tanto na cultura como no Direito, o que pretendemos rapidamente desenhar, dando enfoque para a questão que nos propomos a estudar, ou seja, a pequena empresa.

3. Conseqüências da globalização nas empresas de grande porte e nas relações de emprego

A globalização, como é notório, tem proporcionado o surgimento de empresas de porte exuberante, transnacionais, que utilizam os recursos e mercados de todo o planeta, valendo-se das novas tecnologias.

O desenvolvimento destas empresas é explicitado por *Costa*[52]:

---

(50) MUZIO, Gabriele. *Op. cit.*, p. 142.
(51) IANNI, Octavio. *Teorias da globalização*. 9ª ed. Rio de Janeiro: Civilização Brasileira, 2001, pp. 209-210.
(52) COSTA, Márcio André Mendes. "O direito globalitário — O novo céu que nos protege?" *Jornal Síntese*, n. 11, janeiro de 1998, p. 9. *Juris Síntese Millennium*. São Paulo: Síntese, n. 30, jul./ago./01 — CD-ROM.

"As empresas multinacionais até cerca de 20 anos atrás tinham atuações isoladas em muitos países distintos, procurando, outrossim, adaptarem-se às condições conjunturais locais. A partir da aquisição das tecnologias de alcance global, essas empresas como que se institucionalizam, passando a interferir decididamente nas políticas públicas, em particular as de alcance econômico."

Cumpre referir que as multinacionais podem ser consideradas como uma empresa-chefe ligada a várias filiais no mundo, em um processo centralizado de decisões. Com o avanço da globalização, passaram para um novo estágio no qual diversos centros de decisão podem coexistir, interligando as empresas em uma rede muito mais complexa, baseada nas tecnologias eficientes e rápidas de comunicação, transformando-se em transnacionais, sendo, inclusive, difícil identificar quem seriam os proprietários.

O poder destas empresas transnacionais é tamanho que pode ultrapassar o poder do Estado nação, o que é dito por *Chiarelli*[53], quando salienta que "dependendo do estado-nacional e da transnacional, haverá situação em que, paradoxalmente, esta terá uma expressão política e um poderio econômico bem superior à nação institucionalizada".

Um panorama da situação é dado por *Muzio*[54]:

"Estima-se que as 200 maiores corporações mundiais controlam algo entre 60 e 70 por cento do comércio internacional e cerca de 25 por cento da produção bruta mundial."

A força destas empresas transnacionais facilmente pode ser constatada por qualquer pessoa. Basta, apenas, que observe o seu entorno, visualizando as placas de propaganda, o celular que carrega consigo, o veículo que dirige, o combustível deste veículo, o remédio de que faz uso, a música que está ouvindo e até o próprio computador e seu programa que serviram para escrever este trabalho. O que nos circunda, em grande parte, são produtos das empresas transnacionais.

Também *Oliveira*[55] ressalta a importância no contexto globalizado, das já referidas empresas, dizendo que:

"O universo globalizado confere ênfase especial às empresas transnacionais, concebidas como agentes fundamentais desse fenô-

---

(53) CHIARELLI, Carlos Alberto Gomes. *Temas de integração com enfoques no Mercosul.* Coordenador Carlos Alberto Chiarelli. São Paulo: LTr, v. 1, 1997, p. 75.
(54) MUZIO, Gabriele. *Op. cit.*, p. 156.
(55) OLIVEIRA, Odete Maria de. *Op. cit.*, CD-ROM.

Tratamento Jurídico Diferenciado à Pequena Empresa no Processo do Trabalho   37

meno, o que leva a modificar o paradigma vigente, que confere aos Estados nacionais o caráter de ator central e predominante no sistema, por outro ator, o sistema global, multicêntrico, constituído por corporações transnacionais, dotadas de meios e ações próprias e que adquirem crescente autonomia no palco das relações internacionais."

Na mesma linha de raciocínio, as palavras de *Thomas*[56]:

"o custo final associado à globalização é a transferência de poder — do governo, de outras empresas e, em certa medida, dos trabalhadores — para empresas multinacionais. Essas empresas são, a um só tempo, os agentes de transformação no âmbito da globalização e seus principais beneficiários."

O modelo destas empresas transnacionais é de grande investimento em tecnologia, com a diminuição do custo da mão-de-obra, o que é possível constatar em diversos setores. Para apresentar um exemplo próximo a nós, de fácil visualização, temos o caso do banco Bradesco que, no ano de 1996, obteve um lucro de R$ 824,4 milhões e, mesmo assim, seu número de empregados foi reduzido de 52.886 para 45.871[57]. Podemos trazer um exemplo mais amplo dado por *Rifkin*[58]:

"Os novos operadores de silício são o que há de mais recente numa série de avanços tecnológicos que têm permitido à AT&T administrar um acréscimo de 50% nas ligações, com 40% a menos de funcionários, nos últimos anos. Entre 1950 e o início da década de 1980, a AT&T liderou o setor de prestação de serviços com a introdução de tecnologia substituidora do trabalho humano. Nesse período, a empresa eliminou mais de 140 mil operadores em todo o país."

Desta forma, setor por setor, emprego por emprego, passa por um desmonte que não economiza ninguém. Com promessas impossíveis, os políticos procuram vagas e mais vagas que estão desaparecendo. Tanto nas grandes indústrias como nas grandes empresas prestadoras de serviços, o mundo da carteira assinada enfraquece, inclusive abrangendo setores outrora seguros e tradicionais. Empregos que

---

(56) THOMAS, Victor Bulmer. *Op. cit.*, pp. 166-167.
(57) Folha de S. Paulo. Ed. de 9.3.1997, pp. 2-14.
(58) RIFKIN, Jeremy. *O fim dos empregos: o declínio inevitável dos níveis de emprego e a redução da força global de trabalho*. Tradução Ruth Gabriela Bahr. São Paulo: Makron Books, 1995, p. 154.

eram tidos como estáveis e confiáveis passam a ser temporários. Quem acreditava ter um emprego de futuro poderá, subitamente, sentir que seus conhecimentos e sua experiência profissional ficaram para trás, suas aptidões perderam o sentido.

No âmbito dessas empresas de grande porte, não restam dúvidas de que o número de empregados está e será cada vez mais reduzido. Como salienta *Coutinho*[59], no século XXI, o parâmetro seria de que "somente 20% de mão-de-obra será suficiente para dar conta da demanda mundial. De conseqüência, os outros 80% serão compostos com os chamados excluídos, postos à margem do ganho".

No mesmo sentido, *Martin*[60] diz que "vinte por cento da população em condições de trabalhar no século 21 bastariam para manter o ritmo da economia mundial... um quinto de todos os candidatos a emprego daria conta de produzir todas as mercadorias e prestar todos os serviços qualificados que a sociedade mundial poderá demandar".

Apesar de ainda não estarmos no percentual e na amplitude do desemprego referido, concordamos com o aspecto de que a globalização, com as novas tecnologias, pelo menos nas empresas de grande porte, provocará a dispensa de inúmeros empregados.

A diminuição dos postos de trabalho nas grandes empresas, e o alto investimento em tecnologia, é irreversível diante deste mercado globalizado e altamente competitivo, em que a palavra de ordem é eficiência. *Suzuki*[61] refere que "o desaparecimento de vagas ocorre, quase ao mesmo tempo, na maior parte das empresas, tendo em vista a necessidade da concorrência pela produção mais eficiente".

Palavras muito mais contundentes são ditas por *Oliveira*[62]:

"Outra característica perversa da globalização da economia é o conseqüente crescimento do desemprego e da miséria, derivado do avanço das empresas transnacionais, que, motivado pela polí-

---

(59) COUTINHO, Jacinto Nelson de Miranda. "Globalização e direitos humanos". *Revista da Faculdade de Direito da UFPR*, v. 33/00, p. 45. *Juris Síntese Millennium*. São Paulo: Síntese, n. 30, jul./ago./01 — CD-ROM.
(60) MARTIN, Hans-Peter. *Op. cit.*, p. 10.
(61) SUZUKI, Iwao Celso Tadakyio Mura. *O paradoxo do direito do trabalho frente ao desaparecimento de seu objeto: o desemprego estrutural como efeito da globalização*. Disponível (Internet) site: *http://www.jus.com.br/index.html* e direto no texto: *http://www1.jus.com.br/doutrina/texto.asp?id=1148*. Capturado em 24.12.2001.
(62) OLIVEIRA, Odete Maria de. *Op. cit.*, CD-ROM.

Tratamento Jurídico Diferenciado à Pequena Empresa no Processo do Trabalho 39

tica de maior lucro, utiliza o menos possível a matéria-prima e a mão-de-obra, o que diminui sensivelmente o número de emprego no mundo industrializado."

Todas estas conseqüências giram em torno desta nova ordem mundial provocada pela globalização. Inclusive Martin[63], depois de descrever o crescente índice de desempregados em países desenvolvidos como Alemanha e Áustria, refere que: "As explicações de economistas e políticos para tamanho declínio culminam sempre em uma palavra: globalização. Alta tecnologia nas telecomunicações, preços baixos no transporte e comércio livre sem limites convertem o mundo inteiro num único mercado."

Portanto, o quadro que se desenha não é nada animador, visto deste ângulo, já que teremos grandes empresas dominando a maior parte do mercado mundial com uma pequena quantidade de empregados, causando ainda mais concentração de renda e desemprego. Aliás, Martin[64] apresenta um número assustador: "Juntos, 358 bilionários deste mundo são tão ricos quanto 2,5 bilhões de pessoas, quase a metade de toda a população do planeta."

Além disso, as opiniões antes transcritas deixam pistas de que o Estado nacional está sendo atingido pelo fenômeno.

4. O impacto da globalização no Estado

A força do capital internacional e das empresas transnacionais é tamanha que, ao se defrontar com o Estado nacional, a tendência tem sido a de enfraquecê-lo em nome da globalização.

A diminuição do Estado e a força das empresas transnacionais são ressaltadas por Rifkin[65]:

"Ao mesmo tempo que a necessidade pela mão-de-obra humana está desaparecendo, o papel do governo está passando por uma diminuição semelhante. Hoje, as empresas globais passaram a ofuscar e subordinar o poder das nações. Cada vez mais, as empresas multinacionais têm usurpado o papel tradicional do estado e exercem agora um controle sem paralelo sobre os re-

_____
(63) MARTIN, Hans-Peter. Op. cit., p. 13.
(64) MARTIN, Hans-Peter. Op. cit., p. 40.
(65) RIFKIN, Jeremy. Op. cit., p. 260.

cursos globais, a mão-de-obra e os mercados. As maiores corporações globais têm ativos que superam o PIB de muitos países."

No que diz respeito ao capital internacional, basta lembrar os "ataques especulativos" da moeda que o Brasil já vivenciou nas crises do México, da Rússia ou dos Tigres Asiáticos, demonstrações inequívocas de que, se algo ameaça o capital volátil, ele simplesmente se transfere rapidamente, baseado em alta tecnologia.

Um alerta muito claro é dado por Coutinho[66]:

"O desmonte do Estado, então, está na ordem do dia.

Ademais, sempre segundo o pensamento economicista que nos domina, no âmbito interno o Estado também é um empecilho anormal, porque a produção e a reprodução do capital é necessariamente controlada por ele, principalmente através do Direito. Não é outro o motivo para se falar tanto em flexibilização. Ora, é necessário mexer no Direito, porque é ele um entrave à ação eficiente na reprodução do capital."

Mas o sinal de que a globalização gera a diminuição da importância do Estado nacional é referido em diversos textos, como no de Costa[67]:

"... todo o panorama acima descrito acaba por revelar uma 'crise de identidade' do Estado e de seu elemento normatizador, o Direito. No plano externo, a vontade estatal não pode mais aparecer como absoluta: cada vez mais ao promulgar suas leis o Estado deverá considerar o contexto econômico-financeiro internacional para assim saber o que e como normatizar, bem como se terão efetividade tais normas.

Assim, assistimos a uma progressiva perda dos poderes de coação do Estado, que tem por conseqüência uma fragmentação das instâncias legitimadas a promulgar regras."

Claras são as palavras de Oliveira[68]: "... os Estados nacionais deixam de controlar suas economias internas, perdendo importância política, enquanto que as empresas transnacionais comandam a economia mundial, detendo o domínio do fluxo das informações e das tecnologias."

---

(66) COUTINHO, Jacinto Nelson de Miranda. Op. cit., CD-ROM.
(67) COSTA, Márcio André Mendes. Op. cit., CD-ROM.
(68) OLIVEIRA, Odete Maria de. Op. cit., CD-ROM.

Tratamento Jurídico Diferenciado à Pequena Empresa no Processo do Trabalho   41

Na mesma linha, Leal[69] salienta que "o processo de globalização econômica deslocou para fora das fronteiras dos estados nacionais as sedes das decisões tradicionalmente reservadas à sua soberania, tanto em matéria militar, de política monetária e de políticas sociais".

A perda de poder do Estado nacional, para Muzio[70], perpassa também pelo fato de que "os governos não se incluem entre os controladores dos recursos, mas são, ao contrário, receptores desses recursos, através do mercado. Em outras palavras, eles perderam todo o poder de disciplinar, e são, em vez disso, 'disciplinados' pelas forças do mercado". Neste aspecto, preferimos discordar em parte, de vez que o Estado nacional quase sempre esteve atrelado à necessidade de se socorrer do mercado financeiro para guiar suas políticas, o que podemos constatar na história, como relata Huberman[71]:

"Os livros de História discorrem longamente sobre as ambições, conquistas e guerras deste ou daquele rei. É um grande erro a ênfase que dão a tais fatos. As páginas que consagram à história desses reis deveriam antes ser dedicadas aos poderes verdadeiros que se escondiam atrás dos tronos — os ricos mercadores e financistas da época. Constituíam o poder atrás do trono, porque os reis, a cada passo, necessitavam de sua ajuda financeira. Durante os duzentos anos dos séculos XVI e XVII as guerras foram quase contínuas. E alguém tinha que pagá-las. Com efeito, eram financiadas pelos que tinham dinheiro — mercadores e banqueiros. Foi um banqueiro alemão, Jacob Fugger, chefe da grande casa bancária de Fugger, quem decidiu a questão de a quem caberia usar a coroa do Sagrado Império Romano: se Carlos V da Espanha ou Francisco I da França. A coroa custou a Carlos V da Espanha 850 mil florins, dos quais 543 mil foram emprestados por Fugger."

Assim, preferimos apontar a perda de soberania dos Estados nacionais diante dos capitais internacionais ao fato de sua fácil transferência por meio da alta tecnologia (dinheiro virtual).

A diferença, agora, é que o capital internacional ou as grandes empresas transnacionais não dependem mais tanto do Estado nacional

---

(69) LEAL, Rogério Gesta. Teoria do Estado: cidadania e poder político na modernidade. 2ª ed. Porto Alegre: Livraria do Advogado, 2001, p. 223.
(70) MUZIO, Gabriele. Op. cit., p. 150.
(71) HUBERMAN, Leo. História da riqueza do homem. 19ª ed. São Paulo: Zahar Editores, 1983, p. 102.

para resguardar seus interesses, já que, diante de qualquer sinal de perigo, podem, rapidamente, transferir-se, abandonando-o, o que anteriormente não acontecia, pois era necessário fortalecê-lo e incentivá-lo para garantir a sobrevivência de seus ganhos pela dificuldade de se locomover.

Ocorre que é fato a perda do poder do Estado nacional pelo menos em alguns ramos de atuação, o que gera medo diante da nova situação que ainda não foi experimentada totalmente, visto que a globalização vigente é um fenômeno ainda em desenvolvimento. O declínio do Estado é evidente, contudo de forma limitada, como bem refere *Souto Maior*[72] que "um dos efeitos da constituição dessa 'sociedade global' é o declínio, ou, pelo menos, a limitação das soberanias dos Estados, conforme padrões estabelecidos pela estrutura global de poder".

O pano de fundo apresentado neste trecho de nosso trabalho tem aparência de ser pessimista, diante de uma globalização iminente, com o declínio parcial do Estado nacional, a tomada do poder por grandes empresas e por um capital internacional, gerando maior concentração de renda e desemprego na busca frenética da eficiência e da competitividade. Oportuno é dizer que a globalização, com as novas tecnologias, também gera benefícios e não apenas os problemas antes indicados. Contudo, necessário se faz apresentar a dura realidade, para, no próximo trecho, discorrer sobre o pequeno empregador na globalização.

5. O pequeno empregador no contexto da globalização

Como dito, a globalização provoca a expansão das empresas transnacionais que, com investimentos em tecnologia, possuem cada vez menos empregados. As fusões entre empresas podem ser encaradas como sendo a dominação total, ou seja, o fim da sociedade em que vivemos e, inclusive, o fim dos empregos e a concentração absoluta da renda na mão de poucos. Esta visão sombria e assustadora esquece de observar que dentro deste contexto existem os pequenos empregadores, sendo impossível o domínio total do mercado por parte das empresas transnacionais.

Os pequenos empregadores, mesmo diante da globalização, estão em franco crescimento, sendo as pequenas empresas as que mais empregam atualmente.

---

(72) SOUTO MAIOR, Jorge Luis. "Globalização". *Op. cit.*, CD-ROM.

Tratamento Jurídico Diferenciado à Pequena Empresa no Processo do Trabalho 43

Como refere *Souto Maior*[73]:

"Desviando o enfoque do problema do desemprego, exclusivamente, para a questão dos encargos trabalhistas, o Brasil tem abandonado suas potencialidades de criação de emprego, ampliando as condições de exclusão. E, várias seriam as medidas concretas que se poderiam adotar neste sentido, a saber: a) incentivo ao turismo... g) linha de crédito para as microempresas (as microempresas, aliás, são as que mais empregam no Brasil e segundo visão de Herbert de Souza, são a única saída para o problema do desemprego ('Microempresa: única solução', *Jornal Folha de São Paulo*, ed. de 27.6.97, pp. 1-3.), já dizia *Rousseau*: — 'O trabalho em pequena escala, não a indústria organizada e em grande escala, é para êle a base. É o que êle preza, contra tôda forma da capitalismo ou de comunismo organizado, renovando a prescrição paulina: 'Aquele que come na ociosidade o que não ganhou por si, rouba' " (*Apud Felice Battaglia*. "Filosofia do trabalho". São Paulo, Saraiva, 1958, p. 148).

A afirmativa de empregabilidade nas pequenas empresas também é mencionada por *Almeida*[74]:

"E, particularmente, em relação à pequena empresa, como fonte privilegiada de crescimento e desenvolvimento econômico, e, conseqüentemente, como promotora da empregabilidade, a Constituição Federal de 1988 reza, em seu art. 179, ..."

A importância das pequenas empresas é reconhecida internacionalmente por meio da Recomendação n. 189[75], de 1998, da Organização Internacional do Trabalho (OIT), que dispõe sobre a criação de empregos nas pequenas e médias empresas, que, em suas justificativas, salienta:

"Tomando nota de que las pequeñas y medianas empresas, como factor esencial del crecimiento y del desarrollo económicos, proveen cada vez

---

(73) SOUTO MAIOR, Jorge Luiz. "Direito do trabalho e desenvolvimento econômico — Um contraponto à teoria da flexibilização". São Paulo: Juris Síntese, n. 18, jul./ago.99. *Juris Síntese Millennium*. São Paulo: Síntese, n. 30, jul./ago./01 — CD-ROM.

(74) ALMEIDA, Renato Rua de. "A pequena empresa e os novos paradigmas do direito do trabalho". *Revista LTr*, São Paulo, v. 64, n. 10, out./00, p. 1.250.

(75) OIT. Disponível (Internet) site: *http://www.ilo.org/public/portugue/region/ampro/brasilia/index.htm* e direto no texto: *http://ilolex.ilo.ch:1567/cgi-lex/pdconvs.pl?host=status01&texbase =ilospa&document=190&chapter=2&query=%28%23clasificaci%F3n%3D06%* 2A%29+%40 *ref&highlight=&querytype=bool*. Capturado em 28 .12.2001.

más la mayoría de los puestos de trabajo creados a escala mundial y pueden ayudar a crear un entorno propicio para la innovación y el espíritu empresarial;"

Alguns levantamentos de pesquisa clarificam o mérito deste segmento da sociedade, dados como os colecionados por *Dieste*[76]:

"Nos Estados Unidos, no Japão e nos países mais desenvolvidos da Europa Ocidental, as empresas com menos de 100 trabalhadores abrangem mais de 90% do total das empresas, representam alto percentual do emprego global e, em muitos casos, o valor dos bens e serviços que produzem supera 50% do Produto Interno Bruto privado. ... (Considerando apenas as empresas com menos de 100 trabalhadores, estas representam — com relação ao total de ocupados — 34% nos Estados Unidos (1982), 76,2% no Japão (1978), 67,22% na Bélgica (1988), 40% na França (1981), 60% na Itália (1990), 50% no Reino Unido (1990), 64% na República Federal Alemã (1978)... ."

Interessante crítica é feita por *Aburdene*[77] ao padrão de sucesso nos negócios em direção das grandes empresas, destacando a importância da pequena empresa na economia:

"As quinhentas empresas citadas pela Fortune utilizam um padrão superado e inadequado para aferir o sucesso nos negócios. Não representam a fatia mais dinâmica, e nem mesmo a maior, da economia norte-americana. As pequenas e médias empresas compõem uma porcentagem infinitamente maior do PIB norte-americano que aquelas quinhentas empresas."

Temos, ainda, indicativos no Brasil lançados pela revista *Você SA*[78]:

"A Migração do emprego

O trabalho está saindo da grande em direção à pequena empresa. Acredite: de 1995 a 2000, as firmas de até 100 funcionários criaram 96% dos novos empregos no Brasil

Por Rodrigo Vieira da Cunha

... Segundo dados da Relação Anual de Informações Sociais (RAIS), que reúne o total de empresas formais no Brasil, de 1995

---

(76) DIESTE, Juan Francisco. *Op. cit.*, pp. 22-23.
(77) ABURDENE, Patricia. *Megatendências para as mulheres*. Tradução de Magda Lopes. 2ª ed. Rio de Janeiro: Rosa dos Tempos, 1994, p. 89.
(78) CUNHA, Rodrigo Vieira da. "A migração do emprego". *Você SA*. São Paulo, abril, ed. 46, ano 5, abr./02. pp. 22-23.

Tratamento Jurídico Diferenciado à Pequena Empresa no Processo do Trabalho   45

a 2000 as empresas de 100 ou mais funcionários criaram apenas 88.100 empregos. No mesmo período, as empresas de até 100 funcionários, consideradas pequenas, criaram 1,9 milhão de empregos.

Traduzindo em percentuais, o crescimento do emprego nas pequenas empresas foi de 19,2%. Nas médias e grandes, 0,6%... ."

Na verdade, estes dados não seguem o conceito de pequena empresa ou pequeno empregador declinado no início de nosso texto. Possivelmente, cada Estado nacional mencionado por *Dieste* possui um conceito de pequena empresa e, na matéria da revista brasileira, o conceito utilizado é de até cem (100) empregados, mas tais informações, no mínimo, sinalizam positivamente, não de forma precisa, contudo, permitem olhar no horizonte com otimismo em favor das pequenas empresas.

Todas essas advertências deixam transparecer que na globalização os pequenos empregadores podem desempenhar um papel de fantástica importância, ou seja, o de fomentar a criação de empregos, proporcionar a melhor distribuição da renda e possibilitar a absorção, não no todo, mas em parte, das pessoas que foram dispensadas de seus empregos nas grandes e médias empresas.

Equivocados são os prognósticos pessimistas como o de *Moraes Filho*[79], afirmando que a pequena empresa seria exceção:

"Esta alienação da vontade e do produto do trabalho constitui o centro do problema criado pelo regime capitalista, que, na sua evolução econômica, não deixou nunca crescer e tornar-se cada vez mais forte, com a retirada forçada de cena das pequenas empresas e das explorações meramente artesanais. Podem coexistir no mesmo mundo, mas o fazem como simples atividades paralelas ou suplementares, como quem vive de exceções."

A leitura de que o pequeno empregador seria transitório e fadado a desaparecer, constituindo-se em um produto das imperfeições do mercado ou do pouco caso das grandes empresas naquele inexpressivo fragmento do mercado, não segue boa direção.

---

(79) MORAES FILHO, Evaristo de. *Sucessão nas* ..., cit., v. I, p. 288.

Os pequenos empregadores vêm demonstrando sua força, como visto, contribuindo para um crescimento mais equilibrado, gerando muitos empregos e, conseqüentemente, permitindo melhor distribuição da renda, ainda não satisfatória, contudo aponta como sendo um dos caminhos na luta contra os aspectos negativos da globalização.

II — A Necessidade de Mudança no Tratamento Jurídico ao Pequeno Empregador no Plano Processual

1. Pequeno empregador como direito fundamental

1.1. Direitos fundamentais e sua definição

A variação das expressões para designar direitos ligados à dignidade do homem é elevada e controvertida na literatura jurídica, como salientam Bonavides[80], Silva[81] e Lobato[82]. Entretanto, a principal distinção que entendemos ser útil é entre direitos humanos e direitos fundamentais, já que mais comumente mencionados.

Luño[83] adverte que direitos humanos e direitos fundamentais são termos utilizados, muitas vezes, como sinônimos, e explica:

"Los derechos humanos suelen venir entendidos como un conjunto de facultades e instituciones que, en cada momento histórico, concretan las exigencias de la dignidad, la libertad y la igualdad humanas, las cuales deben ser reconocidas positivamente por los

_____

(80) "A primeira questão que se levanta com respeito à teoria dos direitos fundamentais é a seguinte: podem as expressões direitos humanos, direitos do homem e direitos fundamentais ser usadas indiferentemente? Temos visto nesse tocante o uso promíscuo de tais denominações na literatura jurídica...". BONAVIDES, Paulo. *Curso de direito constitucional.* 11ª ed. São Paulo: Malheiros, 2001, p. 514.
(81) "A ampliação e transformação dos direitos fundamentais do homem no evolver histórico dificulta definir-lhe um conceito sintético e preciso. Aumenta essa dificuldade e circunstância de se empregarem várias expressões para designá-la, tais como: *direitos naturais, direitos humanos, direitos do homem, direitos individuais, direitos públicos subjetivos, liberdades fundamentais, liberdades públicas e direitos fundamentais do homem.*" SILVA, José Afonso da. *Curso de direito constitucional positivo.* 16ª ed. São Paulo: Malheiros, 1999, p. 179.
(82) "É comum encontrarmos diversas expressões que buscam designar aqueles direitos inerentes à dignidade da pessoa humana e que estão, por conseguinte, protegidos pela Constituição." LOBATO, Anderson Orestes Cavalcante. "O reconhecimento e as garantias constitucionais dos direitos fundamentais". *Cadernos de Direito Constitucional e Ciência Política.* 22/1998, p. 145.
(83) LUÑO, Antonio Enrique Pérez. *Los derechos fundamentales.* 7ª ed. Madrid: Tecnos, 1998, p. 46.

ordenamientos jurídicos a nivel nacional e internacional. En tanto que con la noción de los derechos fundamentales se tiende a aludir a aquellos derechos humanos garantizados por el ordenamiento jurídico positivo, en la mayor parte de los casos en su normativa constitucional, y que suelen gozar de una tutela reforzada."

Já *Canotilho*[84] faz a seguinte distinção:

"Direitos do homem são direitos válidos para todos os povos e em todos os tempos (dimensão jusnaturalista-universalista); direitos fundamentais são os direitos do homem, jurídico-institucionalmente garantidos e limitados espacio-temporalmente. Os direitos do homem arrancariam da própria natureza humana e daí seu caráter inviolável, intemporal e universal; os direitos fundamentais seriam os direitos objectivamente vigentes numa ordem concreta."

As características nacional e universal dos direitos em foco são referidas por *Alexy*[85], quando salienta que:

"Direitos fundamentais são, por um lado, elementos essenciais da ordem jurídica nacional respectiva. Por outro, porém, eles indicam além do sistema nacional. Nessa passagem do nacional deixam-se distinguir dois aspectos: um substancial e um sistemático. Os direitos fundamentais rompem, por razões substanciais, o quadro nacional, porque eles, se querem satisfazer os requisitos que lhes podem ser postos, devem incluir os direitos do homem. Os direitos do homem têm, porém, independentemente de sua positivação, validez universal."

Diante da riqueza de opiniões sobre qual seria a definição dos direitos fundamentais e a sua diferença com relação aos direitos humanos, para deixar clara a narrativa deste trabalho, cumpre esclarecer que nosso entendimento é que os direitos humanos guardam relação com o âmbito internacional, já que se referem às posições jurídicas que se reconhecem ao ser humano como tal, independentemente de sua vinculação com determinada ordem constitucional. Os direitos fundamentais aplicam-se aos direitos à pessoa humana, reconhecidos e incluídos na Constituição. Assim, dito de outra forma, os direitos funda-

---

(84) CANOTILHO, J. J. Gomes. *Direito constitucional e teoria da Constituição*. Portugal: Almedina, 1999, p. 369.
(85) ALEXY, Robert. "Colisão de direitos fundamentais e realização de direitos fundamentais no estado de direito democrático". *Revista da Faculdade de Direito da Universidade do Rio Grande do Sul*. Porto Alegre: UFRGS, v. 17, Síntese, 1999, p. 267.

Tratamento Jurídico Diferenciado à Pequena Empresa no Processo do Trabalho 49

mentais são essencialmente direitos do homem transformados em direito positivo constitucional.

Nesta linha, *Farias*[86] sustenta que "a doutrina contemporânea vem dando preferência ao uso da locução *direitos fundamentais*, quando deseja fazer alusão àqueles direitos positivados numa constituição de um determinado Estado. A expressão *direitos humanos* tem sido geralmente reservada para ser adotada em documentos internacionais".

Aceita-se, desta forma, a influência dos publicistas alemães, como refere *Lobato*[87]:

"Recentemente, sob a influência dos juspublicistas alemães, adotou-se a expressão 'direitos fundamentais' para designar aqueles direitos inerentes à pessoa humana, inseridos no texto das Constituições e que se encontram, portanto, tutelados jurídica e jurisdicionalmente pelo Estado."

Oportuno salientar que os direitos fundamentais guardam posição de destaque em nossa Constituição Federal. Para exemplificar, temos o art. 5º que é protegido como cláusula pétrea, já que, nem mesmo por emenda constitucional pode-se abolir os direitos e as garantias individuais, por força do § 4º do art. 60[88] da Constituição Federal. *Piovesan*[89] salienta que "o texto de 1988, em seus primeiros capítulos, apresenta avançada Carta de direitos e garantias, elevando-os, inclusive, à cláusula pétrea, o que, mais uma vez, revela a vontade constitucional de priorizar os direitos e as garantias fundamentais".

A importância também é referida por *Lobato*[90]: "Os constituintes de 1987/88 tiveram uma grande preocupação com os direitos fundamentais. Esta preocupação se concentrou particularmente no aspecto de sua efetividade."

---

(86) FARIAS, Edilsom Pereira de. *Colisão de direito: a honra, a intimidade, a vida privada e a imagem* versus *a liberdade de expressão e informação*. 2ª ed. Porto Alegre: Sergio Antonio Fabris Editor, 2000, p. 72.

(87) LOBATO, Anderson Orestes Cavalcante. *O reconhecimento e as garantias...*, cit., p. 145.

(88) Art. 60 — A Constituição poderá ser emendada mediante proposta: § 4º — Não será objeto de deliberação a proposta de emenda tendente a abolir: I — a forma federativa de Estado; II — o voto direto, secreto, universal e periódico; III — a separação dos Poderes; IV — os direitos e garantias individuais.

(89) PIOVESAN, Flávia. *Direitos humanos e o direito constitucional internacional*. São Paulo: Max Limonad, 2000, p. 55.

(90) LOBATO, Anderson Orestes Cavalcante. *O reconhecimento e as garantias...*, cit., p. 147.

50   Marcelo Rugeri Grazziotin

Tratam-se de direitos elementares para uma sociedade harmônica e desejada por muitos, portanto "os direitos fundamentais são um elemento básico para a realização do princípio democrático, tendo em vista que exercem uma função democratizadora".[91]

1.2. Gerações de direitos fundamentais

Na sua essência, o Direito possui controvérsia, amplos debates sobre os mais variados temas, criando discussões polêmicas. Assim, mais uma vez somos compelidos a informar que diversos autores possuem sortidas classificações para os direitos fundamentais. Considerando que neste estudo pretendemos ser precisos, na medida do aceitável, cumpre apresentar o debate e adotar uma posição.

Silva[92] classifica os direitos fundamentais em cinco grupos: "(1) direitos individuais (art. 5º); (2) direitos coletivos (art. 5º); (3) direitos sociais (arts. 6º e 193 e ss.); (4) direitos à nacionalidade (art. 12); (5) direitos políticos (arts. 14 a 17)." De forma surpreendente, não inclui na classificação os direitos econômicos, dizendo que "a Constituição não inclui os direitos fundados nas relações econômicas entre os direitos fundamentais sociais. Mas os direitos econômicos existem". Contudo, acaba reconhecendo a sua magnitude, na mesma obra, quando afirma que:

> "Em certo sentido, pode-se admitir que os direitos econômicos constituirão pressupostos da existência dos direitos sociais, pois, sem uma política econômica orientada para a intervenção e participação estatal na economia, não se comporão as premissas necessárias ao surgimento de um regime democrático tutelar dos fracos e mais numerosos."[93]

Rejeitamos com veemência tal classificação, já que os direitos econômicos são direitos fundamentais, de vez que o art. 5º, § 2º da Constituição Federal afirma que "os direitos e garantias expressos nesta Constituição não excluem outros decorrentes do regime e *dos princípios por ela adotados*, ou dos tratados internacionais em que a República Federativa do Brasil seja parte" (grifos nossos); e considerando que o Título VII, Capítulo I da Constituição (arts. 170 a 181) trata dos

---

(91) PIOVESAN, Flávia. *Op. cit.*, p. 52.
(92) SILVA, José Afonso da. *Curso de direito ...*, cit., p. 187.
(93) *Idem, ibidem*, p. 289.

Tratamento Jurídico Diferenciado à Pequena Empresa no Processo do Trabalho   51

princípios gerais da atividade econômica, resta evidente serem os direitos econômicos elevados à categoria de fundamentais.

Lobato[94] desenvolve o raciocínio e inclui os direitos econômicos, dizendo:

"Não se pode restringir o elenco dos Direitos Fundamentais ao art. 5º da Constituição brasileira, nem mesmo àqueles indicados no Título II: Dos Direitos e Garantias Fundamentais. O regime constitucional dos Direitos Humanos no Brasil considera igualmente fundamentais os direitos 'decorrentes do regime e dos princípios por ela adotados' (art. 5º, § 2º), incluem-se aqui, imediatamente, os direitos econômicos, sociais e culturais expressos nos Títulos VII e VIII da Constituição."

Apesar de Torres[95] limitar, com o que não concordamos, os direitos fundamentais econômicos aos arts. 174 a 179 da Constituição, quando diz que "os direitos sociais se positivam, como vimos, nos arts. 6º e 7º da Constituição, enquanto os direitos econômicos ganharam expressão constitucional nos arts. 174 a 179", o autor reconhece a sua existência, o que reforça a nossa convicção.

A afirmação positiva também é dada por Mello[96], quando menciona que "surge em alguns juristas a dúvida de saber se os direitos econômicos e sociais são também direitos fundamentais, a posição que sustentamos é de dar uma resposta afirmativa".

Voltamos, agora, para a classificação. Bobbio[97] indica quatro gerações, e como exemplo da terceira geração aponta o direito de "viver num ambiente não poluído", da quarta exemplifica com as "manipulações do patrimônio genético", mas destaca: "Ao lado dos direitos sociais, que foram chamados de direitos de segunda geração, emergiram hoje os chamados direitos de terceira geração, que constituem uma

---

(94) LOBATO, Anderson Orestes Cavalcante. "Direitos fundamentais e cidadania: um estudo sobre as condições jurídico-constitucionais de implementação dos direitos humanos no Brasil". Revista Trabalho e Ambiente. Caxias do Sul, UCS, v. 1, n. 1, EDCUS, 2002, p. 62.
(95) TORRES, Ricardo Lobo. A cidadania multidimensional na era dos direitos. In Teoria dos direitos fundamentais. Organizado por Ricardo Lobo Torres. Rio de Janeiro: Renovar, 1999, p. 277.
(96) MELLO, Celso A. "Algumas notas sobre os direitos humanos econômicos e sociais". Anais do VI Seminário Nacional de Pesquisa e Pós-Graduação em Direito. Rio de Janeiro, UERJ, 1997, p. 51.
(97) BOBBIO, Norberto. A era dos direitos. Tradução de Carlos Nelson Coutinho. 10ª ed. Rio de Janeiro: Campus, 1992, pp. 6-7.

categoria, para dizer a verdade, ainda excessivamente heterogênea e vaga, o que nos impede de compreender do que efetivamente se trata." Diante do reconhecimento do autor da imprecisão, cumpre continuar a pesquisa.

Por sua vez, *Bonavides*, de início, refere três gerações de direitos fundamentais: "... nos deparam direitos da primeira, da segunda e da terceira geração, a saber, direitos da liberdade, da igualdade e da fraternidade..."[98] e, na seqüência, menciona os direitos fundamentais de quarta geração como sendo "o direito à democracia, o direito à informação e o direito ao pluralismo".[99]

Apresentando a existência de correntes diversas sobre a classificação dos direitos fundamentais, *Canotilho*[100], por primeiro, indica três gerações de direitos afirmando que "os direitos do homem conduzir-se-iam a três categorias fundamentais: os direitos de liberdade, os direitos de prestação (igualdade) e os direitos de solidariedade. Estes últimos direitos, nos quais se incluem o direito ao desenvolvimento e o direito ao patrimônio comum da humanidade". Prossegue dizendo que, por vezes, acrescem a quarta geração de direitos, sendo eles os "direitos dos povos", já que "a primeira seria a dos direitos de liberdade, os direitos das revoluções francesa e americana; a segunda seria a dos direitos democráticos de participação política; a terceira seria a dos direitos sociais e dos trabalhadores; a quarta a dos direitos dos povos". A incerteza na classificação nos obriga a prosseguir.

Na realidade, a divisão dos direitos fundamentais em gerações que parece mais oportuna é dada por *Lobato*[101], indicando quatro gerações. A primeira é a que "corresponde aos direitos e liberdades de caráter individual como, por exemplo, a liberdade de religião e de consciência, a liberdade de circulação e de expressão, o direito de propriedade e da inviolabilidade do domicílio", nascida na primeira metade do século XIX. A segunda "corresponde ao reconhecimento dos direitos de caráter coletivo, por exemplo, o direito de reunião, de associação, de greve, ou ainda os direitos relativos à participação política do cidadão", criada na segunda metade do século XIX. Os Direitos Fundamen-

---

(98) BONAVIDES, Paulo. *Op. cit.*, p. 517.
(99) *Idem, ibidem*, p. 525.
(100) CANOTILHO, J. J. Gomes. *Op. cit.*, p. 362.
(101) LOBATO, Anderson Orestes Cavalcante. *O reconhecimento e as garantias...*, cit., pp. 146-147.

Tratamento Jurídico Diferenciado à Pequena Empresa no Processo do Trabalho　53

tais da terceira geração "estão relacionadas às questões de ordem social, econômica e cultural, tais como o direito ao trabalho, à saúde, à habitação, à educação, ao acesso à cultura e ao lazer", produzida na primeira metade do século XX. Por fim, a quarta geração de direitos, surgindo no final do século XX, que corresponde "àqueles que se relacionam com o progresso da ciência, como o direito à não manipulação genética, ou ainda aqueles identificados à solidariedade entre os povos, como o direito ao desenvolvimento, ao meio ambiente e ao patrimônio comum da humanidade".

Com relação aos direitos fundamentais, para nosso estudo, interessam os de terceira geração, mais especificamente a questão econômica, que inclui, também, os princípios apresentados no Título VII, Capítulo I, da Constituição brasileira.

Cumpre informar que adotamos o termo gerações de direitos, não só por ser bastante difundido, mas, especialmente, pelo fato de conduzir à idéia de que uma geração de direitos não substitui a outra, e sim soma-se a ela, aceitando a visão de "expansão, cumulação e fortalecimento dos direitos humanos, todos essencialmente complementares e em constante dinâmica de interação".[102]

É essencial frisar que a variada classificação dos direitos fundamentais não foi esgotada neste trabalho, pois aqui interessa dar uma visão do que sejam e sua usual classificação.

Diante da melhor compreensão dos direitos fundamentais, podemos agora aprofundar um pouco mais no cerne do trabalho, ou seja, o pequeno empregador.

1.3. Pequeno empregador na Constituição do Brasil

Cumpre reiterar o que foi dito no primeiro capítulo, ou seja, o entendimento adotado aqui é de que a expressão pequena empresa não se difere da expressão pequeno empregador, e quando a Constituição Federal menciona pequena empresa, entendemos que, por ser palavra gêmea, na esfera do direito do trabalho, pode ser compreendida como pequeno empregador.

A importância dos arts. 170 e 179 inseridos no Título VII, "Da Ordem Econômica e Financeira", do Capítulo I, "Dos Princípios Gerais

---

(102) PIOVESAN, Flávia. Op. cit., p. 147.

da Atividade Econômica", da nossa Constituição Federal, nos obriga à transcrição:

"**Art. 170** — A ordem econômica, fundada na valorização do trabalho humano e na livre iniciativa, tem por fim assegurar a todos existência digna, conforme os ditames da justiça social, observados os seguintes princípios:

I ao VIII omissos.....

IX — tratamento favorecido para as empresas de pequeno porte constituídas sob as leis brasileiras e que tenham sua sede e administração no País.

Parágrafo único — Omisso..."

"**Art. 179** — A União, os Estados, o Distrito Federal e os Municípios dispensarão às microempresas e às empresas de pequeno porte, assim definidas em lei, tratamento jurídico diferenciado, visando a incentivá-las pela simplificação de suas obrigações administrativas, tributárias, previdenciárias e creditícias, ou pela eliminação ou redução destas por meio de lei."

Indispensável lembrar que o inciso IX, do art. 170 *supra*, sofreu alteração por meio da Emenda Constitucional n. 6[103] (seis), de 15.8.1995. No art. 170, em sua redação original, podia-se ler como princípio da ordem econômica:

"IX — tratamento favorecido para as empresas brasileiras de capital nacional de pequeno porte."

Como se vê, a locução empresa brasileira foi retirada do dispositivo e substituída por empresa constituída sob as leis brasileiras.

O art. 171[104] foi extirpado pela mesma Emenda e tratava sobre os conceitos de empresa brasileira e de empresa brasileira de capital

---

(103) Esta Emenda alterou, ainda, a redação do § 1º do art. 176, incluiu o art. 276, limitando o campo de ação das medidas provisórias, e revogou todo o art. 171.

(104) Art. 171 — São consideradas: I — empresa brasileira a constituída sob as leis brasileiras e que tenha sua sede e administração no País; II — empresa brasileira de capital nacional aquela cujo controle efetivo esteja em caráter permanente sob a titularidade direta ou indireta de pessoas físicas domiciliadas e residentes no País ou de entidades de direito público interno, entendendo-se por controle efetivo da empresa a titularidade da maioria de seu capital votante e o exercício, de fato e de direito, do poder decisório para gerir suas atividades. § 1º — A lei poderá, em relação à empresa brasileira de capital nacional: I — conceder proteção e benefícios especiais temporários para desenvolver atividades consideradas estratégicas para a defesa nacional ou imprescindíveis ao desenvolvimento do País; II — estabelecer, sempre que considerar um setor imprescindível ao desenvolvimento tecnológico nacional, entre outras condições e requisitos: a) a exigência de que o controle referido no inciso

Tratamento Jurídico Diferenciado à Pequena Empresa no Processo do Trabalho   55

nacional, bem como trazia em seus parágrafos a possibilidade de favorecimento a tais empreendimentos. A modificação pretendia estimular o investimento estrangeiro.

Consideravam-se empresas brasileiras as constituídas sob as leis brasileiras e que tivessem sua sede e administração no País (art. 171, I). As empresas brasileiras de capital nacional, por sua vez, eram tidas como aquelas cujo controle efetivo estivesse, em caráter permanente, sob a titularidade direta ou indireta de pessoas físicas domiciliadas no País, ou de entidades de direito público interno (art. 171, II).

Contudo, quando definimos pequeno empregador, no primeiro capítulo de nosso estudo, ficou claro que a força de trabalho do pequeno empregador é indispensável e, conseqüentemente, deve estar presente no Brasil e não no exterior. Assim, a dita alteração não causou impacto, se aceito o conceito lançado anteriormente.

Nota-se que o pequeno empregador (ou pequena empresa) é direito fundamental de terceira geração, diante da classificação antes indicada.

Os direitos fundamentais de caráter econômico teriam surgido por influência do movimento socialista. Como menciona *Comparato*[105], "o reconhecimento dos direitos humanos de caráter econômico e social foi o principal benefício que a humanidade recolheu do movimento socialista".

No mesmo sentido, *Canotilho*[106]:

"Independentemente da adesão aos postulados marxistas, a radicação da idéia da necessidade de garantir o homem no plano econômico, social e cultural, de forma a alcançar um fundamento existencial-material, humanamente digno, passou a fazer parte do patrimônio da humanidade."

Ocorre que no *caput* do art. 170, bem como no art. 1º de nossa Constituição Federal, percebe-se que indicam como fundamento da

---

II do *caput* se estenda às atividades tecnológicas da empresa, assim entendido o exercício, de fato e de direito, do poder decisório para desenvolver ou absorver tecnologia; b) percentuais de participação , no capital, de pessoas físicas domiciliadas e residentes no País ou entidades de direito público interno. § 2º — Na aquisição de bens e serviços, o Poder Público dará tratamento preferencial, nos termos da lei, à empresa brasileira de capital nacional.
(105) COMPARATO, Fábio Konder. *A afirmação histórica dos direitos humanos.* São Paulo: Saraiva, 1999, p. 42.
(106) CANOTILHO, J. J. Gomes. *Op. cit.,* p. 361.

ordem econômica a livre iniciativa, dando sinais claros da vertente capitalista.

Para Grau[107], a livre iniciativa é termo amplo e pode assumir vários significados, que assim foram resumidos:

"a) liberdade de comércio e indústria (não ingerência do Estado no domínio econômico):

a.1) faculdade de criar e explorar uma atividade econômica a título privado — liberdade pública;

a.2) não sujeição a qualquer restrição estatal senão em virtude de lei — liberdade pública;

b) liberdade de concorrência:

b.1) faculdade de conquistar a clientela, desde que não através de concorrência desleal — liberdade privada;

b.2) proibição de formas de atuação que deteriam a concorrência — liberdade privada;

b.3) neutralidade do Estado diante do fenômeno concorrencial, em igualdade de condições dos concorrentes — liberdade pública."

Contudo, o mesmo autor admite que "uma das faces da livre iniciativa se expõe, ninguém o contesta, como liberdade econômica, ou liberdade de iniciativa econômica, cujo titular é a empresa"[108] e, portanto, com vínculo capitalista.

Por outro lado, tanto o art. 170 como o art. 1º da Constituição do Brasil contemplam, igualmente, a valorização do trabalho humano, com influência socialista, antes referida.

Nada de impossível se apresenta, nem mesmo se trata de contradição, já que os direitos fundamentais são a soma das conquistas da humanidade naquilo que ela possui de melhor em cada experiência vivida durante a sua trajetória.

A questão é levantada por Silva[109]:

"... a Constituição consagra uma economia de mercado, de natureza capitalista, pois a iniciativa privada é um princípio básico da

---

(107) GRAU, Eros Roberto. A ordem econômica na Constituição de 1988 (interpretação e crítica). 7ª ed. São Paulo: Malheiros, 2002, p. 246.
(108) Idem, ibidem, p. 245.
(109) SILVA, José Afonso da. Curso de direito ...., cit., p. 762.

Tratamento Jurídico Diferenciado à Pequena Empresa no Processo do Trabalho   57

ordem capitalista. Em segundo lugar significa que, embora capitalista, a ordem econômica dá prioridade aos valores do trabalho humano sobre todos os demais valores da economia de mercado."

Já Bastos[110] discorre sobre justiça social e livre iniciativa, aproximando-as, quando diz que:

"O que não é aceitável é ver-se uma contradição entre liberdade de iniciativa e a justiça social a ponto de se afirmar que esta última só é atingível na medida em que se negue a primeira."

Desta forma, a harmonização e a integração desses princípios são a tônica a ser buscada.

Imprescindível, ainda, discorrer sobre o princípio da livre concorrência, intimamente ligado com o princípio da livre iniciativa, que também consta no art. 170 de nossa Constituição, entendida como o "livre jogo das forças de mercado, na disputa da clientela".[111]

Grau[112], acertadamente, indica que a livre concorrência "supõe desigualdade ao final da competição, a partir, porém, de um quadro de igualdade jurídico-formal". Mas adverte que esta igualdade jurídica formal "é reiteradamente recusada" indicando a questão da pequena empresa (arts. 170, IX e 179 da Constituição).

Contudo, não há isonomia em igualar os desiguais. Logo, tais desnivelamentos visam exatamente a dar igualdade a empreendimentos distintos e possibilitar, realmente, a livre concorrência.

Afinal, estes direitos fundamentais estão inseridos em um contexto complexo não apenas jurídico, ou seja, na Constituição Federal, mas em uma sociedade multicultural, diversificada e desigual, como refere Lucas[113]:

"Pluralidad de identidades culturales presentes cada dia con más fuerza en nuestras sociedades parece exigir um reconocimiento de eses diferencias que, en lo que toca a su dimensión normativa, a sus pretensiones de orientar, justificar, juzgar los comportamientos y, por tanto, establecer derechos y deberes, difícilmente

---

(110) BASTOS, Celso Ribeiro. Ética no direito e na economia. Coordenador Ives Gandra Martins. São Paulo: Pioneira, 1999, p. 234.
(111) GRAU, Eros Roberto. Op. cit., p. 251.
(112) Idem, ibidem.
(113) LUCAS, Javier de. "Pluralismo jurídico, multiculturalismo y conflictos de derechos". In El desarrollo y las aplicaciones de la sociología jurídica en España. Oñati: ISIL, 1995, pp. 47-69.

puede dejar de ser jurídico. Ahora bien, ¿pueden coexistir diferentes sistemas jurídicos en un mismo espacio?¿ dónde está el limite a esa diversidad?¿ cómo hacer conciliable igualdad y pluralidad?"

Assim, mesmo que o tratamento diferenciado em favor do pequeno empregador, ou da pequena empresa, possa parecer incongruente na sociedade competitiva e capitalista, já que a livre concorrência exige igualdade jurídico-formal, e tal igualdade se quebraria com regime peculiar a uma ou a algumas classes de empresários, na verdade o tratamento diferenciado é que poderá trazer equilíbrio nestas relações desiguais. Dizendo de outra forma, não se pode tratar de forma igual os desiguais.

Além disso, como foi dito, o mérito do pequeno empregador na geração de empregos é amplamente reconhecido, inclusive internacionalmente, podendo consagrar-se como um ótimo mecanismo do Estado e da sociedade civil para distribuir melhor a renda e amenizar os aspectos negativos da globalização.

2. Proteção aos direitos fundamentais

2.1. Noção de princípio jurídico

Antes de trazer propriamente a questão da proteção dos direitos fundamentais, cumpre apresentar uma noção de princípio jurídico, principalmente pelo fato de que a Constituição Federal dispõe não apenas de regras, mas de princípios, tanto no art. 170 antes referido, objeto deste estudo, como também nos arts. 1º[114], 3º[115], 4º[116] e outros artigos, que são de grande significado, indicando diretrizes a serem rea-

---

(114) Art. 1º — A República Federativa do Brasil, formada pela união indissolúvel dos Estados e Municípios e do Distrito Federal, constitui-se em Estado Democrático de Direito e tem como fundamentos: I — a soberania; II — a cidadania; III — a dignidade da pessoa humana; IV — os valores sociais do trabalho e da livre iniciativa; V — o pluralismo político. Parágrafo único — Todo o poder emana do povo, que o exerce por meio de representantes eleitos, ou diretamente, nos termos desta Constituição.

(115) Art. 3º — Constituem objetivos fundamentais da República Federativa do Brasil: I — construir uma sociedade livre, justa e solidária; II — garantir o desenvolvimento nacional; III — erradicar a pobreza e a marginalização e reduzir as desigualdades sociais e regionais; IV — promover o bem de todos, sem preconceitos de origem, raça, sexo, cor, idade e quaisquer outras formas de discriminação.

(116) Art. 4º — A República Federativa do Brasil rege-se nas suas relações internacionais pelos seguintes princípios: I — independência nacional; II — prevalência dos direitos humanos; III — autodeterminação dos povos; IV — não-intervenção; V — igualdade entre os estados;

Tratamento Jurídico Diferenciado à Pequena Empresa no Processo do Trabalho 59

lizadas pelo Estado e pela sociedade. Assim, reputamos essencial iniciar com a distinção entre princípios e regras jurídicas.

As normas seriam o gênero e abrangeriam tanto princípios quanto regras. Refere *Rothenburg*[117] que os princípios e regras têm em comum o caráter normativo "a fazê-los espécies filiais de um mesmo gênero: a norma jurídica".

Bonavides[118], trazendo o pensamento de *Alexy*, refere:

"Tanto as regras como os princípios também são normas, escreve ele, porquanto ambos se formulam com a ajuda de expressões deônticas fundamentais, como mandamento, permissão e proibição."

A diferenciação entre regra e princípio pode ser apresentada pelos conceitos destes, como faz *Alexy*[119]:

"... princípios são normas que ordenam que algo seja realizado em uma medida tão ampla quanto possível relativamente a possibilidades fáticas ou jurídicas. Princípios, são, portanto, mandamentos de otimização. (...) Regras são normas que, sempre, ou só podem ser cumpridas ou não cumpridas. Se uma regra vale, é ordenado fazer exatamente aquilo que ela pede, não mais e não menos. Regras contêm, com isso, determinações no quadro do fático e juridicamente possível. Elas são, portanto, mandamentos definitivos."

A distinção também é explicada, com nitidez, por *Grau*[120]:

"Há, em primeiro lugar, uma distinção lógica apartando os princípios das regras jurídicas.

As regras jurídicas são aplicáveis por completo ou não são, de modo absoluto, aplicáveis. Trata-se de um tudo ou nada. Desde que os pressupostos de fato aos quais a regra refira — o suporte

---

VI — defesa da paz; VII — solução pacífica dos conflitos; VIII — repúdio ao terrorismo e ao racismo; IX — cooperação entre os povos para o progresso da humanidade; X — concessão de asilo político. Parágrafo único — A República Federativa do Brasil buscará a integração econômica, política, social e cultural dos povos da América Latina, visando à formação de uma comunidade latino-americana de nações.
(117) ROTHENBURG, Walter Claudius. *Princípios constitucionais*. Porto Alegre: Sergio Antonio Fabris Editor, 1999, p. 15.
(118) BONAVIDES, Paulo. *Op. cit.*, p. 249.
(119) ALEXY, Robert. *Op. cit.*, p. 275.
(120) GRAU, Eros Roberto. *Op. cit.*, pp. 97-98.

fático hipotético, o Tatbestand — se verifiquem, em uma situação concreta, e sendo ela válida, em qualquer caso há de ser ela aplicada.

Já os princípios jurídicos, atuam de modo diverso: mesmo aqueles que mais se assemelham às regras não se aplicam automática e necessariamente quando as condições previstas como suficientes para sua aplicação se manifestam."

Por último, mas de forma precisa, *Canotilho*[121] apresenta o ponto central da questão:

"Os *princípios* interessar-nos-ão, aqui, sobretudo na sua qualidade de verdadeiras normas, qualitativamente distintas das outras categorias de normas ou seja, das *regras jurídicas*. As diferenças qualitativas traduzir-se-ão, fundamentalmente, nos seguintes aspectos. Em primeiro lugar, os princípios são normas jurídicas impositivas de uma optimização, compatíveis com vários graus de concretização, consoante os condicionalismos fácticos e jurídicos; as regras são normas que prescrevem imperativamente uma exigência (impõem, permitem ou proíbem) que é ou não é cumprida (nos termos de Dworkin: applicable in all-or-nothing fashion); a convivência dos princípios é conflitual (zagrebelsky), a convivência de regras é antinômica; os princípios coexistem, as regras antinômicas excluem-se."

Oportuno afirmar que os princípios constitucionais guardam ainda maior relevância, exigindo do intérprete do direito a referência obrigatória a estes, constituindo-se no cérebro das Constituições.

Para *Barroso*[122], os princípios constitucionais são condicionantes da interpretação constitucional:

"O ponto de partida do intérprete há que ser sempre os princípios constitucionais, que são o conjunto de normas que espelham a ideologia da Constituição, seus postulados básicos e seus fins. Dito de forma sumária, os princípios constitucionais são as normas eleitas pelo constituinte como fundamento ou qualificações essenciais da ordem jurídica que institui."

---

(121) CANOTILHO, J. J. Gomes. *Op. cit.*, p. 1087.
(122) BARROSO, Luís Roberto. *Interpretação e aplicação da Constituição: fundamentos de uma dogmática constitucional transformadora*. 3ª ed. São Paulo: Saraiva, 1999, p. 147.

Tratamento Jurídico Diferenciado à Pequena Empresa no Processo do Trabalho 61

Apesar de *Mello*[123] não fazer a distinção entre regra e princípio, o autor é claro ao conceituar e salientar a relevância dos princípios:

"Princípio é, (...), por definição, mandamento nuclear de um sistema, verdadeiro alicerce dele, disposição fundamental que se irradia sobre diferentes normas compondo-lhes o espírito e servindo de critério para sua exata compreensão e inteligência, exatamente por definir a lógica e a racionalidade do sistema normativo, no que lhe confere a tônica e lha dá sentido harmônico. A desatenção ao princípio implica ofensa não apenas a um específico mandamento obrigatório, mas a todo o sistema de comandos. É a mais grave forma de ilegalidade ou inconstitucionalidade, conforme o escalão do princípio atingido, porque apresenta insurgência contra todo o sistema, subversão de seus valores fundamentais, contumélia irremissível a seu arcabouço lógico e corrosão de sua estrutura mestra. Isto porque, com ofendê-lo, abatem-se as vigas que o sustêm e alui-se toda a estrutura nelas esforçada."

Os princípios estabelecidos na Constituição servem para trazer coesão ao ordenamento jurídico e traduzem o rumo dos atos a serem praticados pelo Estado e pela sociedade. *Piovesan*[124] refere que "estes princípios constituem o suporte axiológico que confere coerência interna e estrutura harmônica a todo o sistema jurídico"; e reforça *Bonavides*[125] dizendo que "os princípios, uma vez constitucionalizados, se fazem a chave de todo o sistema normativo".

Nossa Constituição Federal relaciona diversos princípios, entre eles os da ordem econômica, obrigando o Estado não apenas a omissões, mas também ao cumprimento de determinadas ações positivas no exercício de deveres de proteção e estímulo dos direitos fundamentais. *Grau*[126] salienta que "a nossa Constituição de 1988 é uma Constituição dirigente, isso é inquestionável. O conjunto de diretrizes, programas e fins que enuncia, a serem pelo Estado e pela sociedade realizados, a ele confere o caráter de plano global normativo, do Estado e da sociedade".

---

(123) MELLO, Celso Antonio Bandeira de. *Curso de direito administrativo*. 14ª ed. São Paulo: Malheiros, 2001, pp. 807-808.
(124) PIOVESAN, Flávia. *Op. cit.*, p. 54.
(125) BONAVIDES, Paulo. *Op. cit.*, p. 231.
(126) GRAU, Eros Roberto. *Op. cit.*, p. 215.

2.2. A hermenêutica e a proteção ao direito fundamental

O art. 179 da Constituição Federal, que trata da pequena empresa (ou pequeno empregador), ao seu final, refere "por meio de lei", o que leva alguns pensadores ao entendimento de que estes direitos dependem de lei para produzir um resultado verdadeiro.

Neste sentido *Almeida*[127]:

"A efetividade dos princípios constitucionais do desenvolvimento econômico apoiado na livre iniciativa, na livre concorrência e também no incentivo à atividade empresarial de pequeno porte, a teor dos arts. 170 e 179 da Constituição Federal de 1988, visando à empregabilidade, depende ainda de legislação trabalhista infraconstitucional que estabeleça novas regras para regular as relações trabalhistas individuais."

Ocorre que o constituinte brasileiro, preocupado em alcançar a imperatividade das normas constitucionais definidoras dos direitos e das garantias fundamentais, fez constar no § 1º[128] do art. 5º da Constituição brasileira a afirmativa, dizendo que estas têm aplicação imediata, inspirado "no art. 18, 1, da Constituição portuguesa que, por sua vez, se apoiou nos Constituições espanhola e alemã".[129]

Piovesan[130] considera tratar-se de um princípio, dizendo que:

"... realça a força normativa de todos os preceitos constitucionais referentes a direitos, liberdades e garantias fundamentais, prevendo um regime jurídico específico endereçado a estes direitos. Vale dizer, cabe aos Poderes Públicos conferir eficácia máxima e imediata a todo e qualquer preceito definidor de direito e garantia fundamental. Este preceito intenta assegurar a força dirigente e vinculante dos direitos e garantias de cunho fundamental, ou seja, objetiva tornar tais direitos prerrogativas diretamente aplicáveis pelos Poderes Legislativo, Executivo e Judiciário."

---

(127) ALMEIDA, Renato Rua de. *Op. cit.*, p. 1251.
(128) § 1º — As normas definidoras dos direitos e garantias fundamentais têm aplicação imediata.
(129) GEBRAN NETO, João Pedro. *A aplicação imediata dos direitos e garantias individuais: a busca de uma exegese emancipatória.* São Paulo: Revista dos Tribunais, 2002, p. 27.
(130) PIOVESAN, Flávia. *Op. cit.*, p. 57.

Tratamento Jurídico Diferenciado à Pequena Empresa no Processo do Trabalho 63

Ora, defendemos, anteriormente, que os direitos fundamentais não estão limitados ao art. 5º da Constituição brasileira, devendo ser incluído o direito econômico como direito fundamental, bem como foi dito que regras e princípios são normas, sendo que os princípios guardam maior relevância. Assim, tanto o art. 179 como o art. 170, em especial o inciso IX, da Constituição Federal, estão protegidos pelo § 1º do art. 5º da Constituição Federal, ou seja, têm aplicação imediata.

Grau[131] afirma que "aplicar o direito é torná-lo efetivo. Dizer que um direito é imediatamente aplicável é afirmar que o preceito no qual inscrito é auto-suficiente; que tal preceito não reclama — porque dele independe — qualquer ato legislativo ou administrativo que anteceda a decisão na qual se consume a sua efetividade".

Considerando que os termos aplicabilidade e eficácia da norma estão próximos, cumpre esclarecer que "eficácia é a capacidade de atingir objetivos previamente fixados como metas. Tratando-se de normas jurídicas, a eficácia consiste na capacidade de atingir os objetivos nela traduzidos, que vêm a ser, em última análise, realizar os ditames jurídicos objetivados pelo legislador".[132]

Para reforçar a questão da aplicabilidade dos direitos fundamentais, vejamos *Canotilho*[133] quando afirma que "os direitos, liberdade e garantias são regras e princípios jurídicos, imediatamente eficazes e actuais, por via direta da Constituição e não através da *auctoritas interpositio* do legislador. Não são simples *norma normarum* mas norma *normata*, isto é, não são meras normas para a produção de outras normas, mas sim normas diretamente reguladoras de relações jurídico-materiais".

Cabe informar que foi a doutrina norte-americana que classificou as normas constitucionais, do ponto de vista de sua aplicabilidade[134], trazida para o Brasil por *Ruy Barbosa*, conforme esclarece *Silva*[135]:

"Ruy Barbosa, fundado nos autores e na jurisprudência norte-americana, difundiu a doutrina entre nós, e conceitua as normas

---

(131) GRAU, Eros Roberto. *Op. cit.*, p. 333.
(132) SILVA, José Afonso da. *Aplicabilidade das normas constitucionais.* 3ª ed. São Paulo: Malheiros, 1998, p. 66.
(133) CANOTILHO, J. J. Gomes. *Op. cit.*, p. 412.
(134) Em self-executing provisions e not self-executing provisions.
(135) SILVA, José Afonso da. *Aplicabilidade* ..., cit., p. 74.

auto-executáveis como sendo 'as determinações, para executar as quais não se haja mister de constituir ou designar uma autoridade, nem criar ou indicar um processo especial, e aquelas onde o direito instituído se ache armado por si mesmo, pela sua própria natureza, dos seus meios de execução e preservação'. Não auto-executáveis são as que 'não revestem dos meios de ação essenciais ao seu exercício os direitos, que outorga, ou os encargos, que impõem: estabelecem competências, atribuições, poderes, cujo uso tem de aguardar que a Legislatura, segundo o seu critério, os habilite a se exercerem."

Ocorre que o próprio *Ruy Barbosa* "já reconhecia que não 'há, numa Constituição' cláusulas, a que se deva atribuir meramente o valor moral de conselhos, avisos ou lições. Todas têm força imperativa de regras, ditadas pela soberania nacional ou popular aos seus órgãos'".[136]

A imperatividade da norma constitucional é defendida por *Barroso*[137]:

"As normas constitucionais, como espécie do gênero normas jurídicas, conservam os atributos essenciais destas, dentre os quais a imperatividade. De regra, como qualquer outra norma, elas contêm um mandamento, uma prescrição, uma ordem, com força jurídica e não apenas moral."

Evidentemente, existem normas mais precisas e outras exigem maior interpretação e compreensão, até pelo fato de que seria impossível ao constituinte prever todas as situações e adentrar em minúcias em cada norma constitucional. Contudo, ambas são normas jurídicas que vinculam os poderes do Estado e a sociedade civil.

Couture[138], utilizando o exemplo da proteção constitucional à vida, refere que a norma constitucional, mesmo que remeta às previsões do legislador, não perde a sua essência, argumentando que:

"A natural generalidade da norma constitucional representa uma espécie de remessa às previsões particulares e detalhadas do

---

(136) *Idem, ibidem*, p. 75.
(137) BARROSO, Luís Roberto. *O direito constitucional e a efetividade de suas normas: limites e possibilidades da Constituição brasileira*. 4ª ed. Rio de Janeiro: Renovar, 2000, p. 78.
(138) COUTURE, Eduardo J. *Interpretação das leis processuais*. Tradução Gilda Maciel Corrêa Meyer Russomano. 4ª ed. Rio de Janeiro: Forense, 1994, p. 15.

Tratamento Jurídico Diferenciado à Pequena Empresa no Processo do Trabalho 65

legislador. E se o legislador nada determina, supõe-se que a vida esteja, igualmente, protegida. (...) Assim é porque, se a lei não pode ser inconstitucional, o silêncio da lei não pode ter um significado contrário à Constituição."

Destarte, a imperatividade da norma constitucional persiste mesmo que se deixe ao legislador infraconstitucional uma tarefa complementar, sendo lícito ao intérprete buscar extrair o máximo da norma, fazendo uso da analogia, os costumes e os princípios gerais de direito.

Silva[139] refere o art. 170 da Constituição, objeto de nosso estudo, reconhecendo a sua juridicidade:

"Não se nega que as normas constitucionais têm eficácia e valor jurídico diversos umas de outras, mas isso não autoriza recursarlhes juridicidade. (...) Todo princípio inserto numa constituição rígida adquire dimensão jurídica, mesmo aqueles de caráter mais acentuadamente ideológico-programático, como a declaração do art. 170 da Constituição... ."

Não bastasse isso, tratando-se de direitos fundamentais econômicos, defendem alguns pensadores do direito que estes estão limitados à "reserva do possível". Assim, *Torres*[140] afirma:

"Os direitos sociais e econômicos estremam-se da problemática dos direitos fundamentais porque dependem da concessão do legislador, estão despojados do *status negativus*, não geram por si sós a pretensão às prestações positivas do Estado, carecem de eficácia *erga omnes* e se subordinam à idéia de justiça social. Revestem eles, na Constituição, a forma de princípios de justiça, de normas programáticas ou de policy, sujeitos sempre à *interpositio legislatoris*, especificamente na via do orçamento público, ... segundo a maior parte dos autores germânicos que a adotam, subordinam-se à justiça social, encontram-se sob a 'reserva do possível' e constituem meras diretivas para o Estado, pelo que não se confundem com os direitos da liberdade nem com o mínimo existencial."

Antes de comentar a visão indicada, cabe dizer que "reserva do possível"[141] trata-se de um conceito oriundo da Alemanha, baseado

---

(139) SILVA, José Afonso da.*Aplicabilidade* ..., cit., p. 80.
(140) TORRES, Ricardo Lobo. *Op. cit.*, pp. 278-279.
(141) Tradução da expressão "vorberhalt des möglichen".

em paradigmática decisão da Corte Constitucional Federal[142], na qual havia a pretensão de ingresso no ensino superior público, embora não existissem vagas suficientes, com amparo na garantia da Lei Federal alemã de liberdade de escolha da profissão.

No julgamento, firmou-se posicionamento naquele tribunal constitucional de que o indivíduo só pode requerer do Estado uma prestação que se dê nos limites do razoável. Assim, os direitos sociais e econômicos estão sujeitos à reserva do possível no sentido daquilo que o indivíduo, de maneira racional, pode esperar da sociedade.

Aceitar passivamente a dependência de regulamentação legislativa ou acolher a limitação da "reserva do possível" é encolher a importância dos direitos fundamentais, com o que não podemos concordar.

Piovesan[143] acredita que "a idéia da não acionabilidade dos direitos sociais é meramente ideológica e não científica" e compartilha "da noção de que os direitos fundamentais — sejam civis e políticos, sejam sociais, econômicos e culturais — são acionáveis e demandam séria e responsável observância", contudo reconhece que:

"Sob o ângulo pragmático, no entanto, a comunidade internacional continua a tolerar freqüentes violações aos direitos sociais, econômicos e culturais que, se perpetradas em relação aos direitos civis e políticos, provocariam imediato repúdio internacional. Em outras palavras, independentemente da retórica, as violações de direitos civis e políticos continuam a ser consideradas como mais sérias e mais patentemente intoleráveis, que a maciça e direta negação de direitos econômicos, sociais e culturais."

Afastamos o entendimento de limitação na aplicação dos direitos fundamentais de qualquer geração, especialmente os sociais e econômicos. Preferimos adotar a posição de *Leal*[144], que defende a imediata e direta aplicação dos direitos fundamentais que nem mesmo dependem de intervenção legislativa. Vejamos:

"Sustentamos, pois, que a Constituição, e em especial seus princípios fundamentais, é, integralmente, norma jurídica, tendo todas suas disposições aplicação imediata e direta, vinculando os

---

(142) Caso — BverfGE 33, pp. 303/33.
(143) PIOVESAN, Flávia. *Op. cit.*, pp. 178-179.
(144) LEAL, Rogério Gesta. *Hermenêutica e direito: considerações sobre a teoria do direito e os operadores jurídicos.* 2ª ed. Santa Cruz do Sul: EDUNISC, 1999, p. 160.

Tratamento Jurídico Diferenciado à Pequena Empresa no Processo do Trabalho 67

poderes instituídos do Estado e a própria sociedade civil. Daqui decorre o entendimento de que a eficácia dos direitos fundamentais, dentre eles os direitos humanos, não dependem de prévia regulação na lei ordinária, mas antes e pelo contrário, se aplicam independentemente de intervenção legislativa."

Para adotar tal entendimento[145], cumpre realizar uma interpretação firme e segura, percorrendo os caminhos da hermenêutica, em que o intérprete é o renovador, inteligente e precavido. A hermenêutica rejuvenesce e fertiliza a fórmula letárgica, e atua como elemento integrador e complementar da própria lei escrita.

Não nos estamos referindo a uma interpretação clássica, na qual se busque a "vontade do legislador", como acertadamente afasta *Grau*[146]:

"A referência à 'vontade do legislador' consubstancia, neste contexto, o lugar-comum que tantas vezes aproxima exegetas, ideólogos estáticos e os que reagem contra a ideologia constitucional. (...) Cumpre recusar, no entanto, a doutrina da busca dessa vontade. (...) Em uma palavra: o legislador dos exegetas é Deus; e, como o legislador é Deus, o direito positivo é sagrado. Essa doutrina, assim, nos conduz de retorno ao passado e à recusa de qualquer mudança (social e jurídica), pois o passado é imutável. No seu bojo o direito instrumenta o governo dos vivos pelos mortos."

A interpretação não tende a revelar o pensamento do legislador, sob pena de restringir o sentido da norma à época histórica em que foi gerada.

O estudioso do direito não deve abandonar os instrumentos hermenêuticos. É plenamente aceitável trabalhar em uma dinâmica de interpretação evolutiva e decisivamente construtiva e criativa. O princípio fundamental constitucional deve ser o bem maior, que não pode ser traduzido única e exclusivamente na letra fria da lei na época em que foi criada; há de existir um maior anseio aos estudiosos do direito.

---

(145) Para Torres, a tese de efetividade dos direitos sociais foi lançada "pelos constitucionalistas alemães das décadas de 60 e 70, adeptos da social democracia (Häberle, Müller, Ehmke, Schneider), que transmigrou posteriormente para Portugal (J. J. Gomes Canotilho) e para o Brasil (Luis Roberto Barroso e Eros Grau)". TORRES, Ricardo Lobo. *Op. cit.*, p. 291.
(146) GRAU, Eros Roberto. *Op. cit.*, p. 191.

Para *Leal*[147], com quem concordamos, "toda lei enseja interpretação, e o processo hermenêutico tem, sem dúvida, relevância superior ao próprio processo de elaboração legislativa, uma vez que será através da interpretação da norma que esta será aplicada e inserida dentro de um contexto fático específico, sendo adequada a toda uma realidade histórica e aos valores dela decorrentes".

Defendemos uma oxigenação da hermenêutica com a imediata aplicação dos princípios constitucionais, sendo que o "significado válido dos princípios é variável no tempo e no espaço, histórica e culturalmente".[148] A Constituição é um organismo vivo e compete ao intérprete alimentá-la.

Por outro lado, mesmo que seja aceita a tese da "reserva do possível", ou seja, somente seriam atendidos os direitos econômicos fundamentais quando existentes as condições favoráveis para tal, o que, em nosso entender, relegaria o direito econômico a um segundo plano. Cumpre referir que o foco deste trabalho, como sinalizado, é no campo processual, em que não haveria a limitação do orçamento público, bastando que o Poder Judiciário aplicasse, imediatamente, um tratamento diferenciado ao pequeno empregador no transcorrer do processo, não havendo exigência de recursos econômicos favoráveis por parte do Estado.

Miranda[149], ao tratar do regime dos direitos econômicos, sociais e culturais, menciona que "se ao tempo da entrada em vigor das normas constitucionais já se verificarem os pressupostos — econômicos, financeiros, institucionais — da efectivação, tais normas podem ser entendidas como tendo aplicação imediata, mesmo se o reconhecimento desses pressupostos e, por vezes, a determinabilidade das normas exigem uma intervenção do legislador".

Assim, diante do corte realizado neste trabalho, limitando-se à questão processual, o problema da "reserva do possível" é superado, já que nada impede que o Poder Judiciário no processo venha oferecer tratamento diferenciado ao pequeno empregador, atendendo ao princípio insculpido nas normas 170, inciso IX e 179 da Constituição do Brasil.

---

(147) LEAL, Rogério Gesta. *Hermenêutica e...*, cit., p. 155.
(148) GRAU, Eros Roberto. *Op. cit.*, p. 202.
(149) MIRANDA, Jorge. *Direitos fundamentais.* Lisboa: Universidade de Lisboa, 1999, pp. 184-185.

Aliás, *Grau*[150] afirma que "o Poder Judiciário é o aplicador último do direito. Isso significa que, se a Administração Pública ou um particular — ou mesmo o Legislativo — de quem se reclama a correta aplicação do direito, nega-se a fazê-lo, o Poder Judiciário poderá ser acionado para o fim de aplicá-lo".

Ora, nós estamos falando do campo processual, e quem não estaria aplicando os princípios constitucionais seria o próprio Poder Judiciário, a quem compete aplicar imediatamente a norma, não impedir.

Lobato[151] destaca a aplicabilidade imediata das normas constitucionais definidoras dos direitos sociais, econômicos e culturais, especialmente pelo Poder Judiciário, dizendo:

"É preciso ter claro que todas as normas constitucionais são verdadeiras normas jurídicas, portanto, gozam de imperatividade. A disposição constitucional que determina que as normas definidoras de direitos e garantias fundamentais têm aplicabilidade imediata deve ser interpretada no sentido da afirmação ou reconhecimento de verdadeiros direitos subjetivos, estando o poder público obrigado a atuar no sentido de sua realização, superando os obstáculos, organizando os serviços públicos, editando leis, enfim, atuando no caminho da plena realização dos direitos fundamentais. Nessa perspectiva, as normas constitucionais de princípios programáticos, ainda que dependentes de regulamentação futura, podem e devem ser exigidas, aplicadas imediatamente, em particular pelo poder judiciário."

Mais. O Poder Judiciário, inclusive, está "autorizado a inovar o ordenamento suprimindo, em cada decisão que tomar, eventuais lacunas".[152]

Desta forma, cumpre afastar a timidez e o medo existentes quando da aplicação das normas constitucionais que exigem um tratamento diferenciado ao pequeno empregador, especialmente no âmbito processual.

---

(150) GRAU, Eros Roberto. *Op. cit.*, p. 335.
(151) LOBATO, Anderson Cavalcante. "Os desafios da proteção jurisdicional dos direitos sociais, econômicos e culturais". *Estudos Jurídicos*. São Leopoldo, UNISINOS, v. 32, n. 86, set./dez./99, p. 16.
(152) GRAU, Eros Roberto. *Op. cit.*, p. 335.

3. Da ausência de tratamento jurídico diferenciado, no plano processual, para o pequeno empregador e a necessidade de uma nova interpretação

Antes de adentrar na questão processual propriamente dita, cabe, neste momento, mencionar que as pequenas empresas já obtiveram amplo reconhecimento e proteção no campo tributário, como sinalizado no primeiro capítulo de nosso trabalho.

No Direito do Trabalho, as pequenas empresas foram desobrigadas de cumprir alguns dispositivos, o que se deu por meio do art. 11[153], *caput*, do Estatuto da Microempresa e da Empresa de Pequeno Porte, Lei n. 9.841, de 5.10.1999, que dispõe sobre o tratamento jurídico diferenciado, simplificado e favorecido previsto nos arts. 170 e 179 da Carta Magna.

De início, o Estatuto, Lei n. 9.841/99, dispensou as microempresas e as empresas de pequeno porte de cumprir as formalidades citadas no art. 74[154] da CLT. Desta forma, ficam dispensadas de possuir quadro de horário de trabalho, bem como de anotar o horário de trabalho no registro de empregados e, o mais importante, ficam dispensadas de possuir registro de ponto dos empregados, ainda que tenham mais de dez empregados, e no caso de o serviço ser executado fora do esta-

---

(153) Art. 11 — A microempresa e empresa de pequeno porte são dispensadas do cumprimento das obrigações acessórias a que se referem os arts. 74, 135, § 2º, 360, 429 e 628, § 1º da Consolidação das Leis do Trabalho — CLT. Parágrafo único — O disposto no *caput* deste artigo não dispensa a microempresa e empresa de pequeno porte dos seguintes procedimentos: I — anotações na Carteira de Trabalho e Previdência Social — CTPS ; II — apresentação da Relação Anual de Informações Sociais — RAIS e do Cadastro Geral de Empregados e Desempregados — CAGED; III — arquivamento dos documentos comprobatórios de cumprimento das obrigações trabalhistas e previdenciárias, enquanto não prescreverem essas obrigações; IV — apresentação da Guia de Recolhimento do Fundo de Garantia do Tempo de Serviço e Informações à Previdência Social — GFIP.

(154) Seção V — Do Quadro de Horário — Art. 74 — O horário do trabalho constará de quadro, organizado conforme modelo expedido pelo Ministro do Trabalho, e afixado em lugar bem visível. Esse quadro será discriminativo no caso de não ser o horário único para todos os empregados de uma mesma Seção ou Turma. § 1º — O horário de trabalho será anotado em registro de empregados com a indicação de acordos ou contratos coletivos porventura celebrados. § 2º — Para os estabelecimentos de mais de dez trabalhadores será obrigatória a anotação da hora de entrada e de saída, em registro manual, mecânico ou eletrônico, conforme instruções a serem expedidas pelo Ministério do Trabalho, devendo haver pré-assinalação do período de repouso. § 3º — Se o trabalho for executado fora do estabelecimento, o horário dos empregados constará, explicitamente, de ficha ou papeleta em seu poder, sem prejuízo do que dispõe o § 1º deste artigo.

Tratamento Jurídico Diferenciado à Pequena Empresa no Processo do Trabalho   71

belecimento; também ficam dispensadas de manter ficha ou papeleta com o horário dos empregados. Portanto, a pequena empresa não estará obrigada a fazer qualquer tipo de controle escrito da jornada de trabalho de seus empregados.

A vantagem parece estar no fato de que os empregados deixam de desperdiçar tempo com anotação do horário, ganhando produtividade e uma mínima economia com a desnecessidade de adquirir e realizar manutenção em equipamentos de controle de jornada (relógio, sistema eletrônico ou ficha ponto), agilizando as relações de emprego.

Por outro lado, o prejuízo pode ser maior, já que, não havendo prova documental da jornada de trabalho, o risco de uma discussão na Justiça do Trabalho aumenta, ficando toda questão de eventual pedido de horas extras baseado na prova oral. Entretanto, a prova testemunhal, que é fonte principal da prova oral, não é confiável, como salienta *Almeida*[155]:

"Assim a testemunha, não raro, vê um fato porque 'quis' vê-lo — fato que, na realidade, só aconteceu ou se mostrou verdadeiro na sua mente, porque encontrou uma 'facilidade' de percepção falsa ou uma 'resistência' ao contrário, preparada por um 'pré' conceito.

Por outro lado, a memória é traiçoeira e costuma reter apenas os atributos ou as circunstâncias que particularmente impressionaram a testemunha, conforme o momento da percepção, sua disposição para o aceite e outras situações, adequadas ou não, à ciência da coisa ou do fato."

Abalançando as vantagens e desvantagens, parece que a pequena empresa não obteve ganho e sim assumiu um risco desnecessário. Prudente seria possuir controle de jornada escrita, documentando e constituindo prova para o futuro, se necessário.

Além disso, se não possuir controle de jornada, pode causar prejuízo quando da utilização do instrumento de banco de horas, em que empregado e empregador compensam horas da jornada praticada, referente a um período máximo de um ano, sendo vedado ultrapassar o limite de dez horas diárias. Importante, também, destacar que tanto a

---

(155) ALMEIDA, Ísis de. *Manual de direito processual do trabalho.* 5ª ed. São Paulo: LTr, v. 2, 1993, p. 195.

72   Marcelo Rugeri Grazziotin

Constituição Federal[156] como o texto da CLT[157] exigem como requisito indispensável acordo ou convenção coletiva de trabalho, tornando imprescindível a participação do sindicato da categoria a que pertence o empregado. Ocorre que a falta de registro de jornada torna difícil a realização do banco de horas, pois não poderão empregado e empregador comprovar a efetiva compensação, gerando nova possibilidade de conflito trabalhista.

O estatuto em foco permite, ainda, as pequenas empresas ficarem livres de anotar no livro ou nas fichas de registros dos empregados a concessão de férias (exigência do art. 135[158], § 2º, da CLT). Ocorre que tal anotação é meramente formal, não modificando em nada o gozo e a concessão daquelas, como bem refere *Russomano*[159], comentando o artigo:

"Não nos parece que, apenas por isso, o trabalhador perca o direito a férias. Nem acreditamos que se possa ou se deva considerar essa série de formalidades estabelecidas pelo art. 135 como essenciais ao ato de concessão ou gozo de férias."

---

(156) Art. 7º — São direitos dos trabalhadores urbanos e rurais, além de outros que visem à melhoria de sua condição social: XIII — duração do trabalho normal não superior a oito horas diárias e quarenta e quatro semanais, facultada a compensação de horários e a redução da jornada, mediante acordo ou convenção coletiva de trabalho.

(157) Art. 59 — A duração normal do trabalho poderá ser acrescida de horas suplementares, em número não excedente de duas, mediante acordo escrito entre empregador e empregado, ou mediante contrato coletivo de trabalho. § 1º — Do acordo ou do contrato coletivo de trabalho deverá constar, obrigatoriamente, a importância da remuneração da hora suplementar, que será, pelo menos, 50% (cinqüenta por cento) superior à da hora normal. § 2º — *Poderá ser dispensado o acréscimo de salário se, por força de acordo ou convenção coletiva de trabalho, o excesso de horas em um dia for compensado pela correspondente diminuição em outro dia, de maneira que não exceda, no período máximo de um ano, à soma das jornadas semanais de trabalho previstas, nem seja ultrapassado o limite máximo de dez horas diárias.* § 3º — Na hipótese de rescisão do contrato de trabalho sem que tenha havido a compensação integral da jornada extraordinária, na forma do parágrafo anterior, fará o trabalhador jus ao pagamento das horas extras não compensadas, calculadas sobre o valor da remuneração na data da rescisão. § 4º — Os empregados sob o regime de tempo parcial não poderão prestar horas extras. (grifos nossos)

(158) Art. 135 — A concessão das férias será participada, por escrito, ao empregado, com antecedência de, no mínimo, 30 (trinta) dias. Dessa participação o interessado dará recibo. § 1º — O empregado não poderá entrar no gozo das férias sem que apresente ao empregador sua CTPS, para que nela seja anotada a respectiva concessão. § 2º — *A concessão das férias será, igualmente, anotada no livro ou nas fichas de registro dos empregados.* (grifos nossos)

(159) RUSSOMANO, Mozart Victor. *Comentários à Consolidação das Leis do Trabalho.* Rio de Janeiro: Forense, 1990, p. 169.

Tratamento Jurídico Diferenciado à Pequena Empresa no Processo do Trabalho   73

Observa-se que a dispensa desta anotação não traz qualquer aspecto relevante, já que permanece obrigatória a emissão de documentos denominados de aviso e recibo de férias. Sendo assim, mais uma anotação não causa modificação de vulto.

Outra benesse, apenas burocrática e de pouca valia, para as pequenas empresas, foi a dispensa de ter de apresentar, anualmente, às repartições competentes do Ministério do Trabalho, no período de 2 de maio a 30 de junho, uma relação de todos os empregados, independentemente do número destes, como é exigido por lei, a teor do art. 360[160] da CLT. Ocorre que ratificou a exigência da apresentação da Relação Anual de Informações Sociais — RAIS estabelecida, pelo Decreto n. 76.900, de 23.12.1975. Também ratificou a obrigatoriedade da apresentação do Cadastro Geral de Empregados e Desempregados — CAGED.

Com o objetivo de obrigar a aprendizagem profissional e, ao mesmo tempo, impedir fraudes trabalhistas com um número excessivo de menores, o art. 429[161] da CLT determina que os estabelecimentos industriais de qualquer natureza são obrigados a empregar e matricular, nos cursos mantidos pelo SENAI, um número de aprendizes equivalente a cinco por cento no mínimo e quinze por cento no máximo dos operários existentes em cada estabelecimento, cujos ofícios demandem formação profissional. Com o advento do novo estatuto, as pequenas empresas estão liberadas de tal exigência.

---

(160) Art. 360 — Toda empresa compreendida na enumeração do art. 352, § 1º, deste Capítulo, qualquer que seja o número de seus empregados, deve apresentar anualmente às repartições competentes do Ministério do Trabalho, de 2 de maio a 30 de junho, uma relação, em três vias, de todos os seus empregados segundo o modelo que foi expedido. § 1º — As relações terão, na 1ª via, o selo de três cruzeiros pela folha inicial e dois cruzeiros por folha excedente, além do selo do Fundo de Educação, e nelas será assinalada, em tinta vermelha, a modificação havida com referência à última relação apresentada. Se se tratar de nova empresa, a relação, encimada pelos dizeres — Primeira Relação — deverá ser feita dentro de 30 dias de seu registro no Departamento Nacional da Indústria e Comércio ou repartições competentes. § 2º — A entrega das relações far-se-á diretamente às repartições competentes do Ministério do Trabalho, ou, onde não as houver, às Coletorias Federais, que as remeterão desde logo àquelas repartições. A entrega operar-se-á contra recibo especial, cuja exibição é obrigatória, em caso de fiscalização, enquanto não for devolvida ao empregador a via autenticada da declaração. § 3º — Quando não houver empregado far-se-á a declaração negativa.

(161) Art. 429 — Os estabelecimentos de qualquer natureza são obrigados a empregar e matricular nos cursos dos Serviços Nacionais de Aprendizagem número de aprendizes equivalente a cinco por cento, no mínimo, e quinze por cento, no máximo, dos trabalhadores existentes em cada estabelecimento, cujas funções demandem formação profissional.

74   Marcelo Rugeri Grazziotin

Ocorre que, na prática, o SENAI não consegue corresponder à demanda, tornando impossível o atendimento desta norma, tanto por pequenas como por grandes empresas, o que é destacado por *Santos*[162]:

"Tal dispositivo legal não vem tendo verdadeira aplicabilidade no território brasileiro, pois a quantidade de vagas oferecidas pelo SENAI não corresponde à demanda, o que obsta que as empresas venham a ter denominado percentual de empregados aprendizes.

Tanto que a própria fiscalização do trabalho não observa o cumprimento de tal norma, posto que o bom senso não permitiria punir o empregador que descumpre a lei por não lhe ser oportunizado o cumprimento."

As pequenas empresas ficaram liberadas, ainda, de possuir livro intitulado "Inspeção do Trabalho" exigido pelo art. 628[163], § 1º, da CLT, que possui, como finalidade, a anotação do teor da fiscalização realizada. Assim, o auditor fiscal do trabalho anota os documentos vistoriados, os prazos concedidos, as irregularidades constatadas, as autenticações realizadas, bem como o número de empregados em atividade, destacando o quantitativo de menores de 18 (dezoito) anos e de mulheres. Por outro lado, as pequenas empresas não ficaram dispensadas

---

a) revogada; b) revogada. § 1º-A — O limite fixado neste artigo não se aplica quando o empregador for entidade sem fins lucrativos, que tenha por objetivo a educação profissional. § 1º —As frações de unidade, no cálculo da percentagem de que trata o *caput*, darão lugar à admissão de um aprendiz.

(162) SANTOS, Hélio Antonio Bittencourt. "Prerrogativas da microempresa e da empresa de pequeno porte na legislação trabalhista". *Jornal Trabalhista*. Brasília: Consulex, ano XVIII, n. 866, 4.6.2001, pp. 18.866/7.

(163) Art. 628 — Salvo o disposto nos arts. 627 e 627-A, a toda verificação em que o Auditor-Fiscal do Trabalho concluir pela existência de violação de preceito legal deve corresponder, sob pena de responsabilidade administrativa, a lavratura de auto de infração. § 1º — Ficam as empresas obrigadas a possuir o livro intitulado "Inspeção do Trabalho", cujo modelo será aprovado por portaria ministerial. § 2º — Nesse livro, registrará o agente da Inspeção sua visita ao estabelecimento, declarando a data e a hora do início e término da mesma, bem como o resultado da Inspeção, nele consignando, se for o caso, todas as irregularidades verificadas com os respectivos prazos para seu atendimento, e, ainda, de modo legível, os elementos de sua identificação funcional. § 3º — Comprovada má-fé do agente da Inspeção, quanto à omissão ou lançamento de qualquer elemento no livro, responderá ele por falta grave no cumprimento do dever, ficando passível, desde logo, da pena de suspensão até 30 (trinta) dias, instaurando-se, obrigatoriamente, em caso de reincidência, inquérito administrativo. § 4º — A lavratura de autos contra empresas fictícias e de endereços inexistentes, assim como a apresentação de falsos relatórios, constituem falta grave, punível na forma do § 3º.

Tratamento Jurídico Diferenciado à Pequena Empresa no Processo do Trabalho   75

da fiscalização, que foi, até, matéria explícita no art. 12[164] da Lei n. 9.841/99.

Assim, as orientações serão apenas verbais e não por escrito, bem como na próxima fiscalização, provavelmente, deverá apresentar de novo todos os documentos, especialmente os já fiscalizados, de vez que o auditor fiscal, por não ter anotação neste sentido, poderá fazer nova verificação. Enfim, mais uma alteração burocrática e de muito pouco resultado, inclusive parece causar mais prejuízo do que benefício.

Por fim, o art. 13[165] do Estatuto focalizado afirma que o extrato da conta vinculada ao trabalhador, relativa ao FGTS, poderá ser substituído pela GFIP pré-impressa no mês anterior, desde que sua quitação venha a ocorrer em data anterior ao dia 10 do mês subseqüente ao de sua emissão. O objetivo, mais uma vez, é diminuir o número de documentos no momento da dispensa do empregado.

É fácil observar que tais prerrogativas não estão preocupadas com o campo processual, tratando de Direito do Trabalho no campo material, principalmente envolvendo a burocracia, ou seja, de pouco resultado útil, fazendo pouco pelo princípio constitucional que antes demonstramos.

Na verdade, o único avanço para a pequena empresa no campo processual está no art. 38, junto às Disposições Finais do Estatuto da Microempresa e da Empresa de Pequeno Porte, que tomamos a liberdade de transcrever:

"**Art. 38** — Aplica-se às microempresas o disposto no § 1º do art. 8º da Lei n. 9.099, de 26.9.1995, passando essas empresas, assim como as pessoas físicas capazes, a serem admitidas a proporem ação perante o Juizado Especial, excluídos os cessionários de direito de pessoas jurídicas."

---

(164) Art. 12 — Sem prejuízo de sua ação específica, as fiscalizações trabalhista e previdenciária prestarão, prioritariamente, orientação à microempresa e à empresa de pequeno porte. Parágrafo único — No que se refere à fiscalização trabalhista, será observado o critério da dupla visita para lavratura de autos de infração, salvo quando for constatada infração por falta de registro de empregado, ou anotação da Carteira de Trabalho e Previdência Social — CTPS, ou ainda na ocorrência de reincidência, fraude, resistência ou embaraço à fiscalização.
(165) Art. 13 — Na homologação de rescisão de contrato de trabalho, o extrato de conta vinculada ao trabalhador relativa ao Fundo de Garantia do Tempo de Serviço — FGTS poderá ser substituído pela Guia de Recolhimento do Fundo de Garantia do Tempo de Serviço e Informações à Previdência Social — GFIP pré-impressa no mês anterior, desde que sua quitação venha a ocorrer em data anterior ao dia dez do mês subseqüente à sua emissão.

Assim, as microempresas podem propor ação perante o Juizado Especial que, sabidamente, possui um rito processual mais célere.

Este tratamento diferenciado no campo processual para a microempresa limita-se às demandas daquele Juizado Especial, não estando presentes as lides do Direito do Trabalho. Desta forma, afasta-se do objeto de nosso estudo, que é a diferenciação do pequeno empregador no processo do trabalho.

Portanto, podemos afirmar, agora, que nenhuma das medidas estabelecidas no Estatuto já referido possui tratamento diferenciado ao pequeno empregador no campo processual do trabalho, tratando-se de medidas acanhadas e muito mais preocupadas com a burocracia. Parece haver timidez diante do receio de prejudicar o empregado.

Aliás, tal receio é confessado por Santos[166]:

"Assim, não se entende a razão pela qual a microempresa e a empresa de pequeno porte devem ter regras trabalhistas diferenciadas, pois, assim como qualquer outra empresa, sempre estarão em situação superior à do empregado."

Ninguém está querendo prejudicar o empregado, reconhecidamente o hipossuficiente. O que se deseja é o fortalecimento do pequeno empregador, que, como amplamente comprovado na primeira parte deste estudo, é hoje a principal fonte dos novos empregos, cada vez mais raros num mundo globalizado, de alta tecnologia e competitivo.

Basta deste temor desmedido de proteger o empregado como se fosse um indivíduo tolo. Afinal, os direitos básicos e essenciais do empregado também estão sob o manto da Constituição brasileira como direitos fundamentais, com todas as prerrogativas já indicadas neste trabalho.

Aliás, o próprio art. 170 da Constituição do Brasil, no inciso IX, exige o tratamento favorecido ao pequeno empregador, já em seu *caput*, garante uma ordem econômica fundada na valorização do trabalho humano.

A grande preocupação da sociedade e do Estado parece estar focalizada no desemprego em enorme escala, o que facilmente se constata pelos discursos dos candidatos à Presidência da República nesta última eleição de 2002.

---

(166) SANTOS, Hélio Antonio Bittencourt. *Op. cit.*, pp. 18.866/8.

Tratamento Jurídico Diferenciado à Pequena Empresa no Processo do Trabalho   77

Para combater estas mazelas, é imprescindível compreender a importância do pequeno empregador (ou pequena empresa) neste processo de gerar novos empregos e, principalmente, possibilitar a distribuição da renda, problema brasileiro reconhecidamente grave. Não desejamos passar a impressão de que o pequeno empregador venha a se constituir no mecanismo perfeito e único nesta luta da sociedade brasileira, contudo, desejamos, sim, demonstrar que se trata de um caminho útil e necessário, devendo o estudioso do direito interpretar as normas na busca do bem maior.

Por fim, mas não menos importante, cumpre destacar, mais uma vez, que o presente estudo foi focalizado no campo processual do trabalho, ou seja, compete ao Judiciário interpretar e aplicar a norma constitucional de tratamento favorecido ao pequeno empregador. Portanto, o equilíbrio, a ponderação e o bom senso, possivelmente, estarão presentes em cada decisão no campo processual, que rogamos venha a ser adotada em respeito ao direito fundamental, tantas vezes mencionado neste trabalho, independentemente de prévia regulação na lei infraconstitucional.

Este tratamento diferenciado em favor do pequeno empregador, no plano processual do trabalho, pode estar presente nas mais variadas etapas do processo.

No caso do ônus da prova, acreditamos que, para o pequeno empregador, é perfeitamente tolerável não exigir dele o rigor na documentação, buscando a verdade dos fatos por outros meios de prova.

Assim, a compreensão atual de que cumpre ao empregador provar documentalmente o pedido de demissão, devidamente homologado pelo sindicato, no caso de o empregado ter mais de onze meses[167] de serviço, pode ser interpretada de forma diversa, procurando o Juiz aquilo que efetivamente ocorreu na prática e não se apegando às formalidades. Não só por ser no terreno dos fatos que alcançamos a verdade com mais certeza, como reconhece o princípio da primazia da realidade[168], mas, especialmente, por não parecer ser viável exigir o

---

(167) "A expressão legal 'mais de um ano' do art. 477, § 1º, tem sido ignorada para levar-se em consideração o espaço de um ano, simplesmente; na verdade serão suficientes 11 meses e o cômputo de aviso prévio para que incida a exigência legal." CARRION, Valentin. *Comentários à Consolidação das Leis do Trabalho.* 26ª ed. São Paulo: Saraiva, 2001, p. 348.
(168) "O princípio da primazia da realidade significa que, em caso de discordância entre o que ocorre na prática e o que emerge de documentos ou acordos, deve-se dar preferência ao primeiro, isto é, ao que sucede no terreno dos fatos." PLÁ RODRIGUEZ, Américo. *Princípios de direito do trabalho.* Tradução de Wagner D. Giglio. São Paulo: LTr; Ed. da Universidade de São Paulo, 1993, p. 217.

mesmo rigor na organização das empresas de grande e de pequeno porte.

Outra situação é a do depósito recursal, que pretendemos desenvolver no próximo capítulo, para permitir maior compreensão deste tratamento diferenciado que defendemos neste estudo.

III — Uma Nova Ótica de Tratamento Jurídico Diferenciado, no Plano Processual, para o Pequeno Empregador Diante do Depósito Recursal

1. Conceito, exceções e finalidade do depósito recursal

Antes de voltar à atenção ao pequeno empregador, faz-se essencial trazer elementos básicos sobre o depósito recursal.

O recurso, em sentido estrito, é o mecanismo processual pelo qual as partes, ou quem esteja legitimado a intervir na causa, buscam um segundo exame das decisões judiciais. O vocábulo recurso é "originário do verbo *recursare*, que, em latim, significa correr para trás, ou correr para o lugar de onde veio (*re-cursus*)".[169]

No processo do trabalho, existem muitas formas de recurso, que não cabe agora relacionar metodicamente. Contudo, em algumas delas, o empregador fica condicionado ao depósito recursal previsto no art. 899[170] da CLT, observando as modificações posteriores, conforme as Leis ns. 8.177/91 e 8.542/92, para o seu regular trâmite, ou seja, a sua admissibilidade.

---

(169) SILVA, Ovídio Araújo Baptista da. *Curso de processo civil (processo de conhecimento)*. 2ª ed. Porto Alegre: Sergio Antonio Fabris, 1991, p. 343.

(170) Art. 899 — Os recursos serão interpostos por simples petição e terão efeito meramente devolutivo, salvo as exceções previstas neste Título, permitida a execução provisória até a penhora. § 1º — Sendo a condenação de valor até 10 (dez) vezes o valor de referência regional, nos dissídios individuais, só será admitido o recurso, inclusive o extraordinário, mediante prévio depósito da respectiva importância. Transitada em julgado a decisão recorrida, ordenar-se-á o levantamento imediato da importância de depósito, em favor da parte vencedora, por simples despacho do juiz. § 2º — Tratando-se de valor indeterminado, o depósito corresponderá ao que for arbitrado, para efeito de custas, pela Vara ou Juízo de Direito, até o limite de 10 (dez) vezes o valor de referência regional. § 3º — Revogado pela Lei n. 7.033/82 (DOU 6.10.82). § 4º — O depósito de que trata o § 1º far-se-á na conta vinculada do empregado a que se refere o art. 2º da Lei n. 5.107, de 13 de setembro de 1966, aplicando-se-lhe os preceitos dessa Lei, observado, quanto ao respectivo levantamento, o disposto no § 1º. § 5º — Se o empregado ainda não tiver conta vinculada aberta em seu nome, nos termos do art. 2º da Lei n. 5.107, de 13 de setembro de 1966, a empresa procederá à respectiva abertura, para o efeito do disposto no § 2º. § 6º — Quando o valor da condenação, ou o arbitrado para fins de custas, exceder o limite de 10 (dez) vezes o valor de referência regional, o depósito para fins de recursos será limitado a este valor.

Quando do recurso ordinário ou adesivo no dissídio individual, havendo condenação em pecúnia[171], o empregador deverá depositar, em conta vinculada do FGTS, o valor da condenação até um limite máximo, que atualmente é de R$ 4.169,33[172]. No caso de recurso ordinário e adesivo em ação rescisória, o empregador também deverá depositar o valor da condenação, contudo o valor máximo é dobrado, ou seja, R$ 8.338,66.

Nos recursos que se sucedem, no caso do dissídio individual, com exceção da ação rescisória, deve o empregador fazer novo depósito recursal, salvo se já foi atingido o limite total da condenação, sendo eles recurso de revista, embargos e extraordinário, todos com o limite máximo de R$ 8.338,66.

Compete salientar que existem exceções à exigência do depósito recursal, começando pelas pessoas de direito público contempladas no Decreto-Lei n. 779/69[173], que são a União, os Estados, o Distrito Federal, os Municípios e as autarquias ou fundações de direito público federais, estaduais ou municipais que não explorem atividades econômicas.

A Instrução Normativa n. 3 do TST incluiu no rol de exceções os entes de direito público externo, como salienta Giglio[174], dizendo que a instrução "inovou ao isentar de qualquer depósito, no item X, os entes de direito público externo".

---

(171) Enunciado n. 161 do TST: Não havendo condenação em pecúnia, descabe o depósito prévio de que tratam os §§ 1º e 2º do art. 899 da CLT.

(172) Republicado (em razão de erro material) no Diário de Justiça de 31.7.2003. O valor máximo de depósito será reajustado pelo INPC do IBGE por ato do Presidente do TST, forte no art. 707, alínea "c", da Consolidação das Leis do Trabalho e inciso VI da Instrução Normativa n. 03/TST, de 5 .3.1993, que interpreta o art. 8º da Lei n. 8.542, de 23.12.1992.

(173) Decreto n. 779/69: Art. 1º — Nos processos perante a Justiça do Trabalho constituem privilégio da União, dos Estados, do Distrito Federal, dos Municípios e das autarquias ou fundações de direito público federais, estaduais ou municipais que não explorem atividade econômica: I — a presunção relativa de validade dos recibos de quitação ou pedidos de demissão de seus empregados ainda que não homologados nem submetidos à assistência mencionada nos §§ 1º, 2º e 3º do art. 477 da Consolidação das Leis do Trabalho; II — o quádruplo do prazo fixado no art. 841, in fine, da Consolidação das Leis do Trabalho; III — o prazo em dobro para recurso; IV — a dispensa de depósito para interposição de recurso; V — o recurso ordinário ex officio das decisões que lhe sejam total ou parcialmente contrárias; VI — o pagamento de custas a final, salvo quanto à União Federal, que não as pagará. Art. 2º — O disposto no artigo anterior aplica-se aos processos em curso, mas não acarretará a restituição de depósitos ou custas pagas para efeito de recurso até decisão passada em julgado. Art. 3º — Este decreto-lei entra em vigor na data de sua publicação, revogadas as disposições em contrário.

(174) GIGLIO, Wagner D. Direito processual do trabalho. 10ª ed. São Paulo: Saraiva, 1997, p. 402.

Tratamento Jurídico Diferenciado à Pequena Empresa no Processo do Trabalho   81

Também não é exigido depósito recursal da massa falida, já que "não dispondo o falido da livre administração dos bens, que agora integram a massa, não há como dele se exigir o pagamento de custas e de depósito".[175] Além disso, a execução será efetivada no juízo universal, não havendo motivo para garantir o juízo trabalhista e a futura execução. Não se incluem na exceção as empresas concordatárias e em liquidação extrajudicial, esta última regulada pela Lei n. 6.024, de 13.3.1974, pois o concordatário e o liquidante podem dispor do patrimônio.

A herança jacente, ou seja, "aquela que, aberta a sucessão, não tem herdeiros conhecidos",[176] sendo sua administração entregue a um curador, que se constituirá em seu representante legal, até que a jacência se resolva, prevista nos arts. 1.591 e seguinte do Có-digo Civil de 1916[177] e no art. 1.819 do novo Código Civil de 2002[178], também fica desobrigada.

Por fim, novamente por força da Instrução n. 3 do TST, ficou dispensada do depósito a parte que, comprovando insuficiência de recursos, receber assistência judiciária integral e gratuita do Estado[179].

Dito depósito recursal trata-se de um dos pressupostos objetivos do recurso, que compete exclusivamente ao empregador[180], possuindo

---

(175) GONÇALES, Odonel Urbano e MANUS, Pedro Paulo Teixeira. *Recursos do processo do trabalho*. São Paulo: LTr, 1997, p. 26.
(176) FERREIRA, Luís Pinto. *Tratado das heranças e dos testamentos*. São Paulo: Saraiva, 1983, p. 55.
(177) Art. 1.591 — Não havendo testamento, a herança é jacente, e ficará sob a guarda, conservação e administração de um curador: I — se o falecido não deixar cônjuge, nem herdeiros, descendente ou ascendente, nem colateral sucessível, notoriamente conhecido. II — se os herdeiros, descendentes ou ascendentes, renunciarem a herança, e não houver cônjuge, ou colateral sucessível, notoriamente conhecido. Art. 1.592 — Havendo testamento, observar-se-á o disposto no artigo antecedente: I — se o falecido não deixar cônjuge, nem herdeiros descendentes ou ascendentes. II — se o herdeiro nomeado não existir, ou não aceitar a herança. III — se, em qualquer dos casos previstos nos dois números antecedentes, não houver colateral sucessível, notoriamente conhecido. IV — se, verificada alguma das hipóteses dos três números anteriores, não houver testamenteiro nomeado, o nomeado não existir, ou não aceitar a testamentaria.
(178) Art. 1.819 — Falecendo alguém sem deixar testamento nem herdeiro legítimo notoriamente conhecido, os bens da herança, depois de arrecadados, ficarão sob a guarda e administração de um curador, até a sua entrega ao sucessor devidamente habilitado ou à declaração de sua vacância.
(179) Constituição Federal brasileira, art. 5º, inciso LXXIV — o Estado prestará assistência jurídica integral e gratuita aos que comprovarem insuficiência de recursos.
(180) Em posição oposta sustenta Silva: "A doutrina afirma que o ônus de depositar é do empregador, mesmo quando vencido o empregado. Entretanto o art. 899 não autoriza esta

natureza jurídica de "garantia recursal, de garantia da execução, de garantia do juízo para a futura execução".[181] *Russomano*[182] sustenta que o depósito "constitui medida relevante para facilitar a execução".

Ocorre que nem todos os doutrinadores indicam o depósito recursal como sendo apenas uma garantia e sim objetivaria a evitar recursos procrastinatórios dos empregadores, que, sabendo da fragilidade econômica do empregado, o levariam a fazer acordos desvantajosos. As palavras de *Lima*[183] são claras e duras:

> "A índole protecionista da CLT em relação aos empregados cria diversas situações repressivas às atitudes protelatórias dos empregadores, que desejam prolongar a marcha do feito, não tanto para obter decisão favorável, mas para esgotar a paciência do trabalhador ou para agir com mero capricho ou espírito de emulação, que seus meios econômicos muitas vêzes ensejam. Por esta razão, é exigido o depósito do valor da condenação, não importando o do pedido, mas aquêle que o empregador deverá efetivamente pagar, por fôrça da decisão."

A fila de autores que defendem ser o depósito recursal não apenas uma garantia do juízo, mas uma forma de dificultar recursos procrastinatórios é extensa. Cumpre indicar apenas alguns como *Silva*[184], *Costa*[185], *Daidone*[186] e *Giglio*[187].

---

afirmativa (...) Não foi dito, de forma nenhuma, que o ônus do depósito devesse restringir-se ao reclamado nem à parte reclamada mas sim à parte condenada que pode ser também o empregado." SILVA, Antônio Álvares da. *Depósito recursal e processo do trabalho.* Brasília: Centro de Assessoria Trabalhista, 1992, p. 24.

(181) MARTINS, Sergio Pinto. *Direito processual do trabalho: doutrina e prática forense; modelos de petições, recursos, sentenças e outros.* 15ª ed. São Paulo: Atlas, 2001, p. 363.

(182) RUSSOMANO, Mozart Victor. *Op. cit.*, p. 1.011.

(183) LIMA, Alcides de Mendonça. *Recursos trabalhistas.* 2ª ed. São Paulo: Revista dos Tribunais, 1970, p. 164.

(184) "O depósito do valor da condenação é instituto útil à ação trabalhista porque garante a execução e previne a recorribilidade procrastinatória." SILVA, Antônio Álvares da. *Op. cit.*, p. 28.

(185) "Sobre depósitos como requisito processual: a) Para dificultar a interposição de recursos e facilitar a execução de sentenças de pequeno valor,... ." COSTA, Coqueijo. *Direito processual do trabalho.* Rio de Janeiro: Forense, 1995, p. 482.

(186) "O objetivo do 'depósito prévio' ou 'recursal', além de coibir a interposição de recursos meramente protelatórios e desnecessários, é principalmente garantir futura e eventual execução ... ." DAIDONE, Décio Sebastião. *Direito processual do trabalho: ponto a ponto.* 2ª ed. São Paulo: LTr, 2001, p. 299.

(187) "Essa imposição visa coibir os recursos protelatórios, a par de assegurar a satisfação do julgado... ." GIGLIO, Wagner D. *Direito processual do trabalho.* 10ª ed. São Paulo: Saraiva, 1997, p. 399.

Tratamento Jurídico Diferenciado à Pequena Empresa no Processo do Trabalho 83

Outros vão além, como *Pinto*[188], quando sustenta que o depósito recursal contribuiria para o "descongestionamento dos juízos trabalhistas".

É verdade que a Justiça do Trabalho, no Brasil, surgiu com o objetivo precípuo de resolver, rapidamente, os conflitos entre o capital e o trabalho, tendo incorporado princípios de celeridade como a oralidade, a concentração dos atos, a irrecorribilidade das decisões interlocutórias, entre outros. Criou-se uma estrutura própria e, inclusive, foi dispensada a presença do advogado, podendo a parte postular em juízo, desacompanhada do profissional em questão (*ius postulandi*)[189], apesar de estar em desuso.

Também é verdade que todo este esforço resultou num estrondoso fracasso, já que é notório que uma demanda trabalhista pode alongar-se por muitos anos. A morosidade para a solução do litígio trabalhista tem inúmeras causas, entre elas o pequeno número de Juízes e Varas. Contudo, não cabe, agora, analisar minuciosamente os motivos, sob pena de escapar do foco central do trabalho.

Ocorre que, se o objetivo for dificultar recursos para afastar a procrastinação ou para agilizar o Judiciário, estaríamos ferindo direito constitucional do contraditório e da ampla defesa[190]. Para combater a procrastinação, temos instrumentos processuais como a litigância de má-fé[191]. Já a morosidade do Judiciário não se deve combater com medidas que ofendam a Constituição.

Na realidade, o depósito recursal exigido do empregador trata-se de um pressuposto objetivo do recurso com o fito de garantir o juízo. Não se trata de evitar recursos procrastinatórios ou agilizar o Judiciário, como acertadamente declarou o Tribunal Superior do Trabalho no item primeiro da Instrução Normativa n. 3, de março de 1993:

"I — Os depósitos de que trata o art. 40 e seus parágrafos, da Lei n. 8.177/91, com a redação dada pelo art. 8º da Lei n. 8.542/92, *não têm*

---

(188) PINTO, José Augusto Rodrigues. *Recursos nos dissídios do trabalho: teoria e prática.* Rio de Janeiro: Forense, 1993, p. 54.
(189) CLT, art. 791: Os empregados e os empregadores poderão reclamar pessoalmente perante a Justiça do Trabalho e acompanhar as suas reclamações até o final. §§ omissos.
(190) Constituição Federal brasileira, art. 5º, inciso LV — aos litigantes, em processo judicial ou administrativo, e aos acusados em geral são assegurados o contraditório e ampla defesa, com os meios e recursos a ela inerentes.
(191) Código de Processo Civil, art. 17, inciso IV: Reputa-se litigante de má-fé aquele que: IV — opuser resistência injustificada ao andamento do processo.

natureza jurídica de taxa de recurso, mas de garantia do juízo recursal, que pressupõe decisão condenatória ou executória de obrigação de pagamento em pecúnia, com valor líquido ou arbitrado." (grifos nossos)

Neste sentido, *Magano*[192] afirma que "a exigência de depósito não se explica como estorvo à interposição de recurso mas sim como garantia do juízo".

Nota-se que a discussão acerca da constitucionalidade da exigência do depósito recursal para admissibilidade do recurso é acalorada e exige maior reflexão.

2. Constitucionalidade da exigência do depósito recursal

Um dos argumentos mais contundentes daqueles que sustentam a inconstitucionalidade do depósito recursal é que estaria ferindo o princípio do duplo grau de jurisdição.

Covas[193] traz o conceito do duplo grau de jurisdição, afirmando que, para cada demanda, deve haver a possibilidade de duas decisões válidas, emanadas por juízes diferentes, e alerta que "não basta simplesmente uma segunda decisão, há que existir uma decisão que reexamine a causa, de forma que se o novo julgamento não partir da decisão recorrida, mas estabelecer simplesmente uma nova decisão, o princípio do duplo grau de jurisdição estará violado".

Reforçando o conceito, *Carnelutti*[194] sustenta que:

"A função da apelação está em submeter a lide ou o negócio a um segundo exame que ofereça maiores garantias do que o primeiro, (...) Dessa função da apelação provém que o objeto do segundo procedimento tem que ser a mesma lide ou aquele mesmo negócio que foi objeto do primeiro, pois do contrário não se trata de novo exame; a isso se costuma chamar o princípio do duplo grau."

---

(192) MAGANO, Octavio Bueno. "Política salarial e Justiça do Trabalho". *Folha de S. Paulo,* de 15.3.1991.
(193) COVAS, Silvânio. "O duplo grau de jurisdição". *Aspectos polêmicos e atuais dos recursos.* Coordenação Eduardo Pellegrini de Arruda Alvim, Nelson Nery Jr. e Teresa Alvim Wambier. São Paulo: Revista dos Tribunais, 2000, p. 589.
(194) CARNELUTTI, Francesco. *Instituições do processo civil.* Tradução Adrán Sotero de Witt Batista. Campinas: Servanda, v. II, 1999, pp. 250-251.

Tratamento Jurídico Diferenciado à Pequena Empresa no Processo do Trabalho   85

Sustentando a inconstitucionalidade por ofensa ao princípio em questão, *Saad*[195] diz que "o depósito — seja lá qual for a natureza jurídica que se lhe queira dar — não se concilia com o princípio do duplo grau de jurisdição".

Refutamos esta posição, de vez que a Constituição não refere o princípio de duplo grau de jurisdição. Aliás, aqueles que defendem o princípio como sendo constitucional, argumentam que seria um princípio implícito.

Covas[196] afirma que a "atual Carta Política não prevê expressamente a garantia, mas oferece a estrutura da função judiciária, cuja organização está hierarquizada de maneira a permitir conclusão de que o princípio do duplo grau encontra-se implícito no sistema constitucional". Ora, a estrutura judiciária não garante nada em termos de duplo grau de jurisdição, apenas permite que, em alguns casos, possam ocorrer recursos.

Almeida[197], na mesma linha, afirma que "embora não se ache explícito em lei, esse postulado que nos legou a Revolução Francesa constitui uma garantia de melhor justiça, maior segurança".

Outro autor que defende o princípio, mas reconhece não estar explícito na Constituição, é *Costa*[198], quando afirma que:

"Se bem a Constituição atual não consagre expressamente o *cânon* do duplo grau — como o fazia a Constituição do Império (art. 158) — a regra é implícita e o desrespeito a ela envolverá inconstitucionalidade, por violência ao 'devido processo legal'."

Ocorre que, não estando na Constituição, não há que se falar em princípio constitucional de duplo grau de jurisdição. A estrutura do Judiciário não garante o princípio focalizado, simplesmente inexiste tal norma de forma explícita ou implícita.

Aliás, no processo do trabalho, subsistem desde a década de setenta (70) as ações pelo rito sumário[199]. Nestas demandas, cujo valor

---

(195) SAAD, Eduardo Gabriel. *Direito processual do trabalho.*São Paulo: LTr, 1994, p. 501.
(196) COVAS, Silvânio. *Op. cit.*, p. 598.
(197) ALMEIDA, Ísis de. *Op. cit.*, v. I, p. 77.
(198) COSTA, Coqueijo. *Princípios de direito processual do trabalho: na doutrina, na Constituição, na lei, nos prejulgados e Súmulas do TST e nas Súmulas do STF.* São Paulo, LTr, 1976, p. 29.
(199) Lei n. 5.584, de 26.6.1970. §§ 3º e 4º do art. 2º: § 3º — Quando o valor fixado para a causa, na forma deste artigo, não exceder de 2 (duas) vezes o salário mínimo vigente na

da causa não exceda a dois salários mínimos, salvo se versarem sobre matéria constitucional, não cabe nenhum recurso.

Este debate sobre o duplo grau de jurisdição, em virtude do rito sumário, estabeleceu-se no processo do trabalho, e o próprio *Almeida*[200], que defende o duplo grau de jurisdição, confessa que:

"... prevalece o entendimento, na doutrina, de que continua existindo a ação de alçada, ou seja, aquele em que, pelo valor ínfimo do pedido, a sentença é irrecorrível salvo quando versar matéria constitucional, considerando-se em plena vigência o § 4º do art. 2º da Lei n. 5.584/70. Mesmo porque, — é bom lembrar, — a Lei n. 5.584/70 não foi revogada, nem teve o referido § 4º do art. 2º suspenso por inconstitucionalidade."

Tal entendimento predominante, no campo do processo do trabalho, decorre exatamente pelo fato de que a Constituição brasileira não exige o duplo grau de jurisdição, como reconhece *Giglio*[201]:

"Parte da doutrina, porém, reabriu a discussão da possível inconstitucionalidade da Lei n. 5.584/70. Desde sua publicação levantou-se a suspeita de que a eliminação de todos os recursos ofenderia o princípio do duplo grau de jurisdição, que se dizia agasalhado na Constituição anterior e que estaria expresso, agora, na Carta de 1988, em seu art. 5º, LV, *verbis*: 'aos litigantes, em processo judicial ou administrativo, e aos acusados em geral são assegurados o contraditório e ampla defesa, com os meios e recursos a ela inerentes'. A nosso ver, esse texto não estabelece a obrigatoriedade do duplo grau de jurisdição, mas apenas garante a utilização dos recursos próprios e adequados (inerentes) à ampla defesa, nos termos fixados pela legislação ordinária."

Na mesma linha, *Teixeira Filho*[202] afirma que "em nenhum momento, *data venia*, o texto constitucional proclama, mesmo pela via implícita, a presuntiva garantia do duplo grau de jurisdição".

---

sede do Juízo, será dispensável o resumo dos depoimentos, devendo constar da Ata a conclusão da Junta quanto à matéria de fato. § 4º — Salvo se versarem sobre matéria constitucional, nenhum recurso caberá das sentenças proferidas nos dissídios da alçada a que se refere o parágrafo anterior, considerado, para esse fim, o valor do salário mínimo à data do ajuizamento da ação (red. Lei n. 7.402/85).

(200) ALMEIDA, Ísis de. *Op. cit.*, v. I, p. 320.

(201) GIGLIO, Wagner D. *Op. cit.*, pp. 318-319.

(202) TEIXEIRA FILHO, Manoel Antonio. *Sistema dos recursos trabalhistas*. 5ª ed. São Paulo: LTr, 1991, p. 58.

Tratamento Jurídico Diferenciado à Pequena Empresa no Processo do Trabalho 87

Contudo, para possibilitar a ampla reflexão sobre o tema, mesmo discordando, vamos imaginar que a Constituição brasileira tenha consagrado, de forma implícita, o princípio do duplo grau de jurisdição.

Nesse caso, também não haveria inconstitucionalidade na exigência do depósito recursal, de vez que não se trata de mecanismo para evitar recursos procrastinatórios ou tornar mais célere a Justiça do Trabalho, trata-se, sim, de mais um pressuposto objetivo do recurso, que visa a garantir o juízo.

Aliás, Nascimento[203], em parecer sobre o depósito recursal, defende a constitucionalidade, salientando que a garantia do juízo é lícita, já que, inclusive, temos no processo do trabalho a execução provisória, dizendo que:

"A medida tem a finalidade de assegurar o cumprimento futuro de eventual condenação, apenas até os limites estabelecidos, se fosse inconstitucional também o seria a execução provisória, permitida pela legislação e o arresto na pendência de recurso ordinário com base na sentença de primeiro grau não transitada em julgado."

Considerar um dos pressupostos objetivos do recurso inconstitucional obrigaria a declarar todos os demais pressupostos também inconstitucionais, como o preparo, a tempestividade, a lesividade, o princípio da transcendência[204], entre outros. Acertadamente, Gonçales[205] comenta:

"A argüição de inconstitucionalidade no caso tem sido rechaçada, porque não há ofensa ao princípio da ampla defesa nem do direito ao duplo grau de jurisdição pela exigência do depósito prévio nos casos de condenação pecuniária. Se assim fosse todos os pressupostos recursais poderiam ser tidos como inconstitucionais, como o pagamento de custas ou a observância do prazo recursal."

Em realidade, o princípio do duplo grau de jurisdição, se considerarmos que a Constituição o albergou, não é absoluto, podendo o legis-

---

(203) NASCIMENTO, Amauri Mascaro. *Pareceres de direito do trabalho e previdência social*. São Paulo: LTr, vol. II, 1993, p. 275.
(204) CLT, art. 896-A, acrescido pela Medida Provisória n. 2.226, de 4.9.2001: O Tribunal Superior do Trabalho, no recurso de revista, examinará previamente se a causa oferece transcendência com relação aos reflexos gerais de natureza econômica, política, social ou jurídica.
(205) GONÇALES, Odonel Urbano e MANUS, Pedro Paulo Teixeira. *Op. cit.*, p. 25.

lador infraconstitucional exigir o cumprimento de determinadas condições para a admissibilidade do recurso.

Nery Júnior[206] defende que há previsão para o princípio do duplo grau de jurisdição na Constituição brasileira vigente, contudo reconhece ser limitado:

"... muito embora o princípio do duplo grau de jurisdição esteja previsto na CF, não tem incidência ilimitada, como ocorria no sistema da constituição imperial. De todo modo está garantido pela lei maior. Quer dizer, a lei ordinária não poderá suprimir recursos pura e simplesmente. Entretanto, compete ao legislador infraconstitucional, tornar efetiva aquela regra maior, de sorte a imprimir operatividade ao princípio do duplo grau. Aí a razão pela qual existem algumas leis que restringem o cabimento de recursos, não devendo, contudo, ser consideradas inconstitucionais."

Portanto, não existe, em nossa Constituição Federal, o princípio do duplo grau de jurisdição e, mesmo que se entenda existir, de forma implícita, não há ofensa, já que o depósito recursal é apenas mais um pressuposto objetivo do recurso, que licitamente pretende garantir o juízo.

Por fim, poderia ainda se questionar que o depósito recursal, por ser uma exigência apenas do empregador, estaria quebrando o tratamento igual para as partes no processo.

Cumpre combater tal argumento. Defendemos, ao longo de nosso trabalho, em especial no capítulo dois, um tratamento diferenciado ao pequeno empregador no campo processual, reconhecendo que não se pode tratar de forma igual os desiguais. Sendo o argumento utilizado em favor do pequeno empregador, conseqüentemente, também é válido para o empregado.

Nessa direção, defendendo a constitucionalidade do depósito recursal, Gonçales[207] afirma que "havendo desigualdade entre ambos, está em consonância com a norma constitucional o tratamento desigual, porque tratar desigualmente os desiguais significa observar o princípio da igualdade". A jurisprudência reafirma:

---

(206) NERY JÚNIOR, Nelson. *Princípios fundamentais: teoria geral dos recursos.* 2ª ed. São Paulo: Revista dos Tribunais, 1993, p. 249.
(207) GONÇALES, Odonel Urbano e MANUS, Pedro Paulo Teixeira. *Op. cit.*, p. 25.

Tratamento Jurídico Diferenciado à Pequena Empresa no Processo do Trabalho   89

"O princípio da igualdade, doutrinariamente, consiste em dar tratamento desigual para aqueles que são desiguais. O fato de ser imposta ao empregador a obrigatoriedade da garantia do juízo não atinge tal princípio constitucional, porque empregado e patrão, a toda evidência, são desiguais. A estipulação de condições para a utilização de recursos não impede o exercício da ampla defesa, já que não há vedação constitucional no sentido de ser obstada, ao legislador ordinário, a fixação do valor do depósito recursal. Ademais, a faculdade de recorrer está condicionada ao atendimento dos pressupostos inerentes à modalidade processual intentada. Embargos não conhecidos (TST-E-RR- 9.944/90.7 — (Ac. SDI 2.806/92) — Rel. Min. Francisco Fausto)."[208]

Logo, entendemos que a exigência de depósito recursal não está maculada pela inconstitucionalidade, sendo lícito pretender garantir o juízo mediante o depósito, desde que observando os limites e as exceções previstas.

Efetivamente, o problema é outro, consiste, na realidade, em não reconhecer que o pequeno empregador possui grandes dificuldades para efetivar o depósito.

Este desafio que se apresenta, pretendemos abordar na próxima etapa.

3. Das alternativas para superar a questão do depósito recursal para o pequeno empregador, com um tratamento processual diferenciado a este

Importante destacar que os valores dos depósitos recursais, como visto, não são quantias modestas, especialmente em relação ao pequeno empregador, como alerta Saad[209] dizendo que "esse depósito, por seu vulto, vai impedir que inúmeras micro e pequenas empresas possam exercer seu direito ao reexame da matéria do julgamento".

Assim, nem todos, mas alguns pequenos empregadores dificilmente terão disponibilidade de ativos líquidos para efetivar o depósito

_____

(208) Diário da Justiça de 5.2.1993, p. 958. Apud GONÇALES, Odonel Urbano e MANUS, Pedro Paulo Teixeira. Op. cit., p. 25.
(209) SAAD, Eduardo Gabriel. Op. cit., p. 500.

recursal, considerando que o prazo do depósito é o mesmo do recurso[210].

Outros se encontram em evidente estado de pobreza. Atualmente, não raro, deparamo-nos com pequenos empregadores tão ou mais miseráveis do que aqueles que são seus empregados, criando-se, inclusive, um paradoxo: o empregado possui maiores garantias sociais do que o seu empregador, como o seguro-desemprego.

Em algumas oportunidades, compelidos pelo desemprego, montam pequenos negócios, à custa de suas economias, inclusive acrescidas do Fundo de Garantia do Tempo de Serviço amealhado numa vida de trabalho, quando esteve na condição de empregado. Pior, por vezes, está fadado ao insucesso decorrente de vários fatores, tais como inexperiência administrativa, ignorância das regras de mercado, entre outros motivos.

Também não é difícil deparar com situações nas quais o pequeno empregador oferece o negócio ao empregado, em meio à audiência da Justiça do Trabalho, deixando, visivelmente, o magistrado em constrangimento, o qual implora para as partes um acordo, apelando para o bom senso. Na realidade, transparece um conflito entre um pelintra e um descamisado e não se sabe quem é mais pobre.

O pequeno empregador é mais frágil em muitos aspectos em relação ao empregador normal, especialmente em comparação com a empresa transnacional anunciada no primeiro capítulo como agente do fenômeno da globalização. No processo do trabalho, não poderia deixar de ser diferente. Para o pequeno, existe grande dificuldade para atender ao pressuposto objetivo do depósito recursal, já em relação à empresa transnacional, chega a ser irrisório.

Deste modo, invocando o princípio fundamental, com *status* de norma jurídica, do tratamento favorecido para o pequeno empregador, que possui imediata e direta aplicação, independentemente de intervenção legislativa, inclusive vinculando os poderes instituídos do Estado e da sociedade civil, em especial o Poder Judiciário, cumpre viabilizar ao pequeno empregador a superação deste problema.

Evidentemente, cabe reconhecer que estamos propondo tratamento diferenciado no processo, uma discriminação em favor do pequeno empregador.

---

(210) Enunciado n. 245 do TST: O depósito recursal deve ser feito e comprovado no prazo alusivo ao recurso, sendo que a interposição antecipada deste não prejudica a dilação legal.

Tratamento Jurídico Diferenciado à Pequena Empresa no Processo do Trabalho   91

No decorrer de nosso estudo, em mais de uma oportunidade, defendemos que não se pode tratar de forma igual os desiguais. Contudo, cumpre, mais uma vez, reiterar este pensamento basilar, inclusive com as palavras de *Pinto*[211], quando trata do princípio constitucional da isonomia no processo do trabalho:

"Nossa Constituição vigente o enuncia numa síntese cristalina, com que encabeça a relação dos direitos e obrigações coletivas, em seu art. 5º: 'todos são iguais perante a lei.' Para alcançar toda a profundidade desse axioma no processo, é preciso entender que sua virtude não se abriga na obviedade de dar o mesmo tratamento aos que já são iguais, mas diversificá-lo diante dos desiguais, de modo a igualá-lo perante o direito."

Poderia, ainda, invocar-se o art. 125[212] do Código de Processo Civil, aplicável de forma subsidiária[213] ao processo do trabalho, para argumentar da impossibilidade de tratamento diferenciado ao pequeno empregador.

Ocorre que, por longa data, o processo do trabalho discrimina em favor do empregado, que é reconhecido como sendo o hipossuficiente, afastando o entendimento da neutralidade do processo.

Mallet[214], que defende a discriminação em favor do empregado no processo do trabalho, sustenta que "a idéia de dever o processo permanecer neutro, indiferente à condição peculiar dos litigantes, não se sustenta e contrasta com o reconhecimento, hoje pacífico, da insuficiência da igualdade meramente formal".

Aliás, a ausência de neutralidade do processo também é utilizada na legislação concernente à proteção do consumidor, já que o Código de Defesa do Consumidor, entre os direitos deste, inclui o da facilitação

---

(211) PINTO, José Augusto Rodrigues. *Processo do trabalho e Constituição. Constituição e trabalho.* Coordenador Manoel Jorge e Silva Neto. São Paulo: LTr, 1998, p. 112.
(212) Código de Processo Civil. Art. 125 — O juiz dirigirá o processo conforme as disposições deste Código, competindo-lhe: I — assegurar às partes igualdade de tratamento; II — velar pela rápida solução do litígio; III — prevenir ou reprimir qualquer ato contrário à dignidade da justiça; IV — tentar, a qualquer tempo, conciliar as partes.
(213) Consolidação das Leis do Trabalho. Art. 769 — Nos casos omissos, o direito processual comum será fonte subsidiária do direito processual do trabalho, exceto naquilo em que for incompatível com as normas deste Título.
(214) MALLET, Estêvão. *Discriminação e processo do trabalho.* São Paulo: Júris Síntese n. 18, jul./ago./99. *Juris Síntese Millennium.* São Paulo: Síntese, n. 30, jul./ago./01 — CD-ROM.

da defesa, que abrange a inversão do ônus da prova[215], a favor do consumidor, no processo civil, quando, a critério do Juiz, for verossímil a alegação ou for ele hipossuficiente.

Destarte, se não existe neutralidade para o empregado no processo do trabalho, nem mesmo no processo civil quando das relações de consumo. Legítimo é não haver neutralidade para o pequeno empregador, que é direito fundamental.

Além disso, tomamos a liberdade de relembrar a importância do pequeno empregador no contexto em que estamos vivendo, pois o fenômeno da globalização, com as novas tecnologias, desemprega em massa. Atualmente, a parcela da sociedade que gera empregos é a dos pequenos empregadores, como ficou demonstrado em nosso estudo. Cumpre ao Judiciário discriminar em favor do pequeno empregador ou da pequena empresa para fortalecer o bem principal e escasso que é o emprego.

Duas formas se apresentam para sobrepujar o problema do depósito recursal para o pequeno empregador, que dividimos nas próximas etapas de nosso trabalho. A primeira é o deferimento da gratuidade da justiça, inclusive para pessoa jurídica. A segunda é a garantia por outras formas, além do depósito em pecúnia.

3.1. Gratuidade da justiça para o pequeno empregador

Ressaltamos que em algumas situações o pequeno empregador encontra-se em estado de miséria, não tendo condições econômicas para garantir o juízo, ou seja, realizar o depósito recursal, que é pressuposto objetivo do recurso.

Não obstante, a Constituição brasileira, em seu art. 5º, inciso LXXIV afirma que o Estado prestará assistência jurídica integral e gratuita aos que comprovarem insuficiência de recursos.

---

(215) Código de Defesa do Consumidor. Art. 6º — São direitos básicos do consumidor: Incisos I a VII e X omissos. VIII — a facilitação da defesa de seus direitos, inclusive com a inversão do ônus da prova, a seu favor, no processo civil, quando, a critério do juiz, for verossímil a alegação ou quando for ele hipossuficiente, segundo as regras ordinárias de experiências.

Tratamento Jurídico Diferenciado à Pequena Empresa no Processo do Trabalho   93

A Consolidação das Leis do Trabalho, no § 3º [216] do art. 790, com nova redação[217], consagra mais uma vez a justiça gratuita diante da dificuldade de recursos pela parte, inclusive permitindo que o benefício seja declarado de ofício.

Por estes fundamentos é que o Tribunal Superior do Trabalho, na Instrução Normativa n. 3, inciso X, dispensou a parte do depósito:

"X — *Não é exigido depósito recursal*, em qualquer fase do processo ou grau de jurisdição, dos entes de direito público externo e das pessoas de direito público contempladas no Decreto-Lei n. 779, de 21.8.1969, bem assim da massa falida, da herança jacente e *da parte que, comprovando insuficiência de recursos, receber assistência judiciária integral e gratuita do Estado* (art. 5º, LXXIV-CF)." (grifos nossos)

Entretanto, as decisões no Poder Judiciário surpreendem, por vezes, negando a gratuidade ao empregador, com o argumento de que o benefício seria, no processo do trabalho, destinado apenas ao empregado e, em outros momentos, negando gratuidade para pessoa jurídica, limitando o benefício para pessoas físicas.

Na decisão do Agravo de Instrumento n. 60014.373/99-8(AI)[218], ocorrida em abril de 2000, junto ao Tribunal Regional do Trabalho da Quarta Região, pode-se observar as duas situações presentes.

No caso em questão, um pequeno empresário (microempresa) sustentando que sua empresa, por ser familiar, sobrevive somente do trabalho próprio e de sua esposa, que são pessoas pobres, não possuindo meios para arcar com o pagamento das custas processuais e do depósito recursal sem correr o risco de "fechar suas portas", pretendeu ficar desobrigado do pagamento de custas e de realizar o depósito recursal.

Contudo, seu recurso não foi recebido por deserção, sob o argumento de que "o benefício da Justiça Gratuita é dirigido somente ao

---

(216) Consolidação das Leis do Trabalho. Art. 790. § 3º — É facultado aos juízes, órgãos julgadores e presidentes dos tribunais do trabalho de qualquer instância conceder, a requerimento ou de ofício, o benefício da justiça gratuita, inclusive quanto a traslados e instrumentos, àqueles que perceberam salário igual ou inferior ao dobro do mínimo legal, ou declararem, sob as penas da lei, que não estão em condições de pagar as custas do processo sem prejuízo do sustento próprio ou de sua família.

(217) Lei n. 10.537, de 27.8.2002.

(218) Tribunal Regional do Trabalho da Quarta Região. Disponível (Internet): *http://www.trt4.gov.br.* Capturado em 23.4.2001.

94 Marcelo Rugeri Grazziotin

trabalhador pessoa física, não podendo ser estendido à pessoa jurídica do empregador". Vejamos a ementa:

"Número do Processo: 60014.373/99-8 (AI)

Juiz: JURACI GALVÃO JUNIOR

Data de Publicação: 10/04/2000

EMENTA: AGRAVO DE INSTRUMENTO. RECURSO ORDINÁRIO NÃO-RECEBIDO. DESERÇÃO. O pagamento das custas processuais e o recolhimento do valor do depósito recursal, pela reclamada, empresa jurídica que restou condenada em sede de primeiro grau, são requisitos indispensáveis à admissibilidade do recurso ordinário, sob pena de deserção, na forma do que dispõem o art. 8º da Lei n. 8.542/92, o art. 899 da Consolidação das Leis do Trabalho e o art. 7º da Lei n. 5.584/70. De outro lado, o benefício da Justiça Gratuita é dirigido somente ao trabalhador pessoa física, não podendo ser estendido à pessoa jurídica do empregador. Agravo de Instrumento a que se nega provimento."

Nos fundamentos da decisão *supra*, é reafirmado que a justiça gratuita não pode, "em hipótese alguma, ser estendido a uma pessoa jurídica".

Mais e pior.

O próprio Tribunal Superior do Trabalho, autor da Instrução Normativa n. 3, que dispensa do depósito a parte que comprovar a insuficiência de recursos, em recente decisão do Recurso de Revista n. 462885[219], em junho de 2002, no qual outro microempresário invoca a gratuidade da justiça, conclui que esta "será prestada ao trabalhador, o que exclui a possibilidade de ser estendida ao empregador". Vejamos a ementa:

"Tipo: RR   Número: 462885   Ano: 1998

ACÓRDÃO

Quinta Turma

DIREITO PROCESSUAL DO TRABALHO. RECURSO. RECURSO DE REVISTA. GRATUIDADE DE JUSTIÇA. EMPREGADOR MICROEMPRESÁRIO. DESERÇÃO DECLARADA PELO TRT. EXISTÊNCIA. A Lei n. 5.584/70, no art. 14, *caput*, dispõe expressamente que a gratuidade de justiça prevista na Lei n. 1.060/50 será prestada ao trabalhador, o que exclui a possibilidade de ser estendida ao empregador. Assim, mesmo que o juízo de primeiro grau de jurisdição, de forma irregular, tenha

_____

(219) Tribunal Superior do Trabalho. Disponível (Internet): *http://www.tst.gov.br/*. Capturado em 2.11.2002.

Tratamento Jurídico Diferenciado à Pequena Empresa no Processo do Trabalho 95

deferido o benefício ao empresário, este não pode opor o ato equivocado à declaração de deserção pelo Tribunal Regional do Trabalho em juízo de admissibilidade, porquanto a ninguém é dado o desconhecimento da lei (art. 3º da LICC). Recurso de revista não provido."

Se o depósito é condição para admissibilidade do recurso exclusivamente por parte do empregador, e a instrução normativa dispensa o depósito recursal aos que comprovarem insuficiência de recursos, recebendo assistência judiciária integral e gratuita, evidentemente que o direito da gratuidade da justiça não é privilégio do empregado apenas.

As decisões colecionadas, além de ignorar a instrução normativa, parecem acreditar que somente o empregado tem o direito de ser pobre e passar por dificuldades econômicas, ferindo o art. 5º, inciso LXXIV, da Constituição brasileira, que garante para todos os brasileiros e estrangeiros residentes no País a gratuidade da justiça, desde que comprovem insuficiência de recursos.

Já é chegado o momento de vencer o sentimento ultrapassado de que o empregador é aquele indivíduo perverso que deve ser castigado pelo Direito do Trabalho, já que explora a classe operária, de forma desumana. O Direito do Trabalho e o processo do trabalho podem e devem reconhecer as limitações do empregado nas relações de emprego, imprimindo uma proteção a este, contudo não a ponto de transformar o empregador em uma figura bestial.

Ademais, o que se deseja é apenas exercer o direito da gratuidade da justiça (art. 5º, LXXIV, da CF) combinado com o tratamento favorecido para o pequeno empregador (arts. 170, IX e 179, da CF), ambos direitos fundamentais.

Entretanto, cumpre refletir sobre a possibilidade de gratuidade de justiça para a pessoa jurídica do empregador, porque para a pessoa física, como visto, é perfeitamente possível e aceitável.

No processo civil, irmão do processo do trabalho, que é fonte subsidiária, já ocorreu tal enfrentamento, e as decisões apontam para a possibilidade de deferimento da gratuidade também para a pessoa jurídica.

Apenas para ilustrar, de vez que o número de decisões favoráveis é incomensurável, vejamos a ementa de uma decisão do Tribunal de Justiça do Estado do Rio Grande do Sul, no Agravo de Instrumento n. 70003895794[220], julgado em fevereiro de 2002:

---

(220) Tribunal de Justiça do RS. Disponível (Internet): *http://www.tj.rs.gov.br/*. Capturado em 27.12.2002.

"EMENTA: PROCESSUAL CIVIL. BENEFÍCIO DA GRATUIDADE. PRESUNÇÃO DE NECESSIDADE. CONCESSÃO À PESSOA JURÍDICA. ADMISSIBILIDADE. 1. É perfeitamente admissível, à luz do art. 5º, LXXIV, da CF/88, a concessão do benefício da gratuidade à pessoa jurídica, que demonstre, cabalmente, a impossibilidade de atender às despesas antecipadas do processo, o que vedaria seu acesso à justiça. 2. Agravo provido. (decisão monocrática) (Agravo de Instrumento n. 70003895794, Quarta Câmara Cível, Tribunal de Justiça do RS, Rel. Des. Araken de Assis, julgado em 7.2.02)."

Inclusive, é pacífico o entendimento da possibilidade de deferir dano moral para a pessoa jurídica, em especial, após a edição da Súmula n. 227[221] do Superior Tribunal de Justiça. Ora, se pode a pessoa jurídica sofrer dano moral, com fundamento no art. 5º, incisos V e X[222] da Constituição Federal, pode também receber a gratuidade da justiça com fundamento no mesmo artigo, só que em outro inciso.

Na esfera do processo do trabalho, existem decisões em pequeno número no mesmo sentido, ou seja, reconhecendo a possibilidade do deferimento da gratuidade da justiça para pessoa jurídica. Vejamos a ementa da decisão do Tribunal Regional do Trabalho da 12ª Região, no Agravo de Instrumento n. 9.328/00[223]:

"JUSTIÇA GRATUITA. PESSOA JURÍDICA. NÃO CONTEMPLADA NOS TERMOS ESTRITOS DA LEI. INTERPRETAÇÃO JURISPRUDENCIAL EXTENSIVA. JUSTIFICATIVA PELA INEXIGÊNCIA DE OBRIGAÇÃO IMPOSSÍVEL. As pessoas jurídicas não estão enquadradas nas leis que regem os benefícios da assistência judiciária e da justiça gratuita. Porém, efetivamente há jurisprudência que dá interpretação extensiva aos textos legais, especialmente em casos de firmas individuais insolventes, entidades beneficentes, associações civis sem fins lucrativos, etc. Para que seja reconhecido a elas o direito à gratuidade, entretanto, faz-se necessário apontar fundamentadamente a circunstância de que o pagamento das custas ou o depósito recursal tenham a característica de obrigação impossível, pois esta — por certo — a lei nunca estabelece.

---

(221) Súmula n. 227 do STJ: A pessoa jurídica pode sofrer dano moral.
(222) Art. 5º — Todos são iguais perante a lei, sem distinção de qualquer natureza, garantindo-se aos brasileiros e aos estrangeiros residentes no País a inviolabilidade do direito à vida, à liberdade, à igualdade, à segurança e à propriedade, nos termos seguintes: V — é assegurado o direito de resposta, proporcional ao agravo, além da indenização por dano material, moral ou à imagem; X — são invioláveis a intimidade, a vida privada, a honra e a imagem das pessoas, assegurado o direito à indenização pelo dano material ou moral decorrente de sua violação.
(223) Tribunal Regional do Trabalho da 12ª Região. Disponível (Internet — site do TST): *http://www.tst.gov.br/*. Capturado em 2.11.2002.

DECISÃO

Acordam os Juízes da Terceira Turma do Tribunal Regional do Trabalho da 12ª Região, por unanimidade de votos, conhecer do agravo. No mérito, por igual votação, negar-lhe provimento. Sem custas."

Deste modo, parece ser perfeitamente viável deferir gratuidade da justiça para o pequeno empregador, mesmo na condição de pessoa jurídica.

Aliado a todos estes elementos, cumpre, mais uma vez, invocar o fundamento jurídico constitucional, com *status* de direito fundamental, de tratamento favorecido para o pequeno empregador. Deve o Judiciário, inclusive no processo do trabalho, discriminar em favor do pequeno empregador, que se constitui no instrumento da sociedade para combater o desemprego e gerar melhor distribuição de renda.

3.2. Garantia do juízo por outras formas, além do depósito em pecúnia

De forma exaustiva, foi mencionado em nosso trabalho que o depósito recursal é um pressuposto objetivo que visa à garantia do juízo e não se presta para descongestionar a Justiça do Trabalho ou dificultar recursos, apesar das opiniões em contrário antes relacionadas.

Sendo o seu objetivo o de garantir o juízo e facilitar a possível execução que se avizinha, não parece ser imprescindível seja a garantia dada em pecúnia, no caso do pequeno empregador, já que este encontra dificuldades para ter liquidez num curto espaço de tempo que é o do recurso.

As decisões trabalhistas exigem que seja realizado depósito em dinheiro em conta vinculada do FGTS, apegando-se, formalmente, ao texto da lei, ou seja, ao § 1º[224] do art. 899 da CLT. A decisão do Tribunal Regional do Trabalho da Quarta Região, no Agravo de Instrumento n. 74372.531/99-0[225], apresenta-se neste sentido. Limitamo-nos a transcrever parte dos fundamentos, exatamente quando trata desta questão:

---

(224) CLT — Art. 899, § 1º — Sendo a condenação de valor até 10 (dez) vezes o valor de referência regional, nos dissídios individuais, só será admitido o recurso, inclusive o extraordinário, mediante prévio depósito da respectiva importância. Transitada em julgado a decisão recorrida, ordenar-se-á o levantamento imediato da importância de depósito, em favor da parte vencedora, por simples despacho do juiz.

(225) Tribunal Regional do Trabalho da Quarta Região. Disponível (Internet — site do TST): *http://www.tst.gov.br/.* Capturado em 2.11.2002.

"Tribunal: 4ª Região

Tipo: AI Número: 74372.531/99-0 Ano: 1999

... Acrescente-se, ainda, que, embora o depósito recursal tenha, entre suas finalidades, a garantia da execução futura, não há que se cogitar da sua substituição por bens móveis ou imóveis, visto que o art. 899, § 1º, da CLT, faz inequívoca menção à depósito em dinheiro, e, ademais, referida garantia não se confunde com àquela prevista no art. 882 da CLT... ."

O art. 882[226] da CLT, referido na decisão, trata da garantia da execução mediante depósito ou nomeando bens à penhora.

Realmente, não estamos tratando de penhora e sim de garantia, que "possui o sentido amplo de significar a segurança ou o poder de se usar, fruir ou de se obter tudo que é de nosso direito, segundo os princípios formulados em lei, ou consoante afirmativas asseguradas por outrem".[227]

Não é possível que a falta de liquidez, o que é característica do pequeno empregador, já que faz uso de pouco capital, como dito no momento de conceituá-lo, apresentado no primeiro passo deste trabalho, venha lhe causar a impossibilidade de recorrer.

Ao exigir o depósito em pecúnia do pequeno empregador, de maneira implacável, não permitindo garantir o juízo de outra forma, estamos exatamente indo contra o tratamento favorecido e diferenciado que defendemos ao longo do trabalho, punindo-o por ser pequeno e não ter liquidez e, por outro lado, beneficiando o empregador normal que não encontra dificuldades de liquidez, ou seja, colocando às avessas a ordem constitucional.

Defendemos que possa o pequeno empregador garantir o juízo mediante o oferecimento de caução[228], seja por bens móveis ou bens imóveis, desde que devidamente acompanhados de boa e firme avaliação, capaz de garantir o juízo, observando, é claro, os limites do depósito recursal, ficando ele como fiel depositário, se assim desejar.

---

(226) CLT. Art. 882 — O executado que não pagar a importância reclamada poderá garantir a execução mediante depósito da mesma, atualizada e acrescida das despesas processuais, ou nomeando bens à penhora, observada a ordem preferencial estabelecida no art. 655 do Código Processual Civil.

(227) PLÁCIDO E SILVA. Vocabulário jurídico. Rio de Janeiro — São Paulo: Forense, v. II d-i. 1963, p. 731.

(228) Caução. Consoante sua própria origem, do latim cautio (ação de se acautelar, precaução), de modo geral, quer expressar, precisamente, a cautela que se tem ou se toma, em virtude da qual certa pessoa oferece a outrem a garantia ou segurança para o cumprimento de alguma obrigação. Idem, ibidem, v. I a-c, p. 318.

Conclusão

A globalização tem causado mudanças nos mais variados campos da sociedade, inclusive nas relações de emprego. O surgimento de empresas transnacionais com poder político e econômico forte, investindo em tecnologia e eliminando muitos postos de emprego, provoca um percentual de desempregados crescente em diversos países, embora com características diferentes. As novas tecnologias permitem que o capital volátil transfira-se de uma localidade para outra em velocidade digital, enfraquecendo o Estado. Não se chegou ao fim dos empregos, mas o enfraquecimento destas relações é cristalino.

No centro deste furacão de mudanças, que não se sabe onde vai parar, visto que ainda está em movimento, existe o pequeno empregador, que ocupa papel fundamental no combate ao desemprego e, conseqüentemente, na melhor distribuição da renda.

A sua importância tem sido reconhecida em alguns campos do Direito, contudo, no plano processual do trabalho, nega-se por completo.

Cumpre reverter este quadro o mais breve possível, não apenas para beneficiar o pequeno empregador, mas para fortalecer as próprias relações de emprego.

Indispensável se torna identificar melhor o pequeno empregador, incluindo no conceito não só os pressupostos quantitativos, mas os qualitativos também, concentrando o benefício àqueles que, efetivamente, se constituem no objeto de proteção, já que são frágeis os conceitos encontrados, especialmente na legislação.

Os estudiosos do Direito, compreendendo a magnitude dos direitos fundamentais, nos quais se incluem os direitos sociais e econômicos, em especial o tratamento jurídico diferenciado ao pequeno empregador, podem e devem estimular a discriminação em todos os campos, inclusive no processual do trabalho.

A ausência de legislação específica infraconstitucional não impede que o princípio constitucional fundamental em questão deixe de ser aplicado, posto que é norma jurídica de aplicação direta e imediata que vincula o Estado e a sociedade civil, em especial o Poder Judiciário.

Como demonstrado no problema do depósito recursal, atualmente se está favorecendo as grandes e médias empresas e prejudicando as pequenas, ou seja, invertendo a ordem constitucional. Existem instrumentos jurídicos suficientes para alterar o quadro desenhado, como foi apresentado.

As tentativas de enfrentamento a estes problemas fracassam pela não-compreensão dos direitos fundamentais, da importância do pequeno empregador e pela escolha de argumentos em outras direções.

A discriminação em favor do pequeno empregador, tanto no direito material como no processo do trabalho, é viável, sendo inexistente a neutralidade no processo, eis que a igualdade perante a lei somente é alcançada com tratamento diversificado diante dos desiguais.

A proteção ao empregado, amplamente atendida na esfera trabalhista, não será afastada, posto que os seus direitos básicos também estão sob o manto da Constituição brasileira como direitos fundamentais. O objetivo deve ser também o de fortalecer o pequeno empregador nesse início de novo milênio, para que, estimulados e mais seguros no mundo do Direito, prossigam empregando cada vez mais trabalhadores e proporcionando melhor distribuição da renda.

Assim, torna-se indispensável e urgente estimular uma interpretação do ordenamento jurídico processual do trabalho voltada para fazer nascer um tratamento jurídico diferenciado em favor do pequeno empregador, reconhecendo, também, as suas fragilidades, junto aos estudiosos do Direito, já que os princípios constitucionais fundamentais estão ao nosso alcance.

Esperamos que este estudo, além de chamar a atenção sobre o tema, sirva para incentivar outras investigações mais completas e, quem sabe, provocar mudanças.

Anexos

ANEXO 1

NOVO ESTATUTO DA MICRO E PEQUENA EMPRESA
LEI N. 9.841, DE 5 OUTUBRO DE 1999

Institui o Estatuto da Microempresa e da Empresa de Pequeno Porte, dispondo sobre o tratamento jurídico diferenciado, simplificado e favorecido previsto nos arts. 170 e 179 da Constituição Federal.

O PRESIDENTE DA REPÚBLICA

Faço saber que o Congresso Nacional decreta e eu sanciono a seguinte Lei:

CAPÍTULO I
Do Tratamento Jurídico Diferenciado

Art. 1º — Nos termos dos arts. 170 e 179 da Constituição Federal, fica assegurado às microempresas e às empresas de pequeno porte tratamento jurídico diferenciado e simplificado nos campos administrativo, tributário, previdenciário, trabalhista, creditício e de desenvolvimento empresarial, em conformidade com o que dispõe esta Lei e a Lei n. 9.317, de 5 de dezembro de 1996 e alterações posteriores.

Parágrafo único — O tratamento jurídico simplificado e favorecido, estabelecido nesta Lei, visa facilitar a constituição e o funcionamento da microempresa e empresa de pequeno porte, de modo a assegurar o fortalecimento de sua participação no processo de desenvolvimento econômico e social.

CAPÍTULO II
Da Definição de Microempresa e de Empresa
de Pequeno Porte

Art. 2º — Para os efeitos desta Lei, ressalvado o disposto no art. 3º, considera-se:

I — microempresa, a pessoa jurídica e a firma mercantil individual que tiver receita bruta anual igual ou inferior a R$ 433.755,14 (quatrocentos e trinta e três mil, setecentos e cinqüenta e cinco reais e quatorze centavos), valor modificado pelo Decreto n. 5.028, de 31 de março de 2004;

II — empresa de pequeno porte, a pessoa jurídica e a firma mercantil individual que, não enquadrada como microempresa, tiver receita bruta anual superior a R$ 433.755,14 (quatrocentos e trinta e três mil, setecentos e cinqüenta e cinco reais e quatorze centavos) e igual ou inferior a R$ 2.133.222,00 (dois milhões, cento e trinta e três mil, duzentos e vinte dois reais), Decreto n. 5.028.

§ 1º — No primeiro ano de atividade, os limites da receita bruta de que tratam os incisos I e II serão proporcionais ao número de meses em que a pessoa jurídica ou firma mercantil individual tiver exercido atividade, desconsideradas as frações de mês.

§ 2º — O enquadramento de firma mercantil individual ou da pessoa jurídica em microempresa ou empresa de pequeno porte, bem como o seu desenquadramento, não implicarão alteração, denúncia ou qualquer restrição em relação a contratos por elas anteriormente firmados.

§ 3º — O Poder Executivo atualizará os valores constantes dos incisos I e II com base na variação acumulada pelo IGP-DI, ou por índice oficial que venha a substituí-lo.

Art. 3º — Não se inclui no regime desta Lei a pessoa jurídica em que haja participação:

I — de pessoa física domiciliada no exterior ou de outra pessoa jurídica;

II — de pessoa física que seja titular de firma mercantil individual ou sócia de outra empresa que receba tratamento jurídico diferenciado na forma desta Lei, salvo se a participação não for superior a dez por cento do capital social de outra empresa desde que a receita bruta global anual ultrapasse os limites de que tratam os incisos I e II do art. 2º.

Parágrafo único — O disposto no inciso II deste artigo não se aplica à participação de microempresas ou empresas de pequeno porte em centrais de compras, bolsas de subcontratação, consórcios de exportação e outras formas de associação assemelhadas, inclusive as de que trata o art. 19 desta Lei.

CAPÍTULO III
Do Enquadramento

Art. 4º — A pessoa jurídica ou firma mercantil individual que, antes da promulgação desta Lei, preenchia os seus requisitos de enquadramento como microempresa ou empresa de pequeno porte, excetuadas as já enquadradas no regime jurídico anterior, comunicará esta situação, conforme o caso, à Junta Comercial ou ao Registro Civil das Pessoas Jurídicas, para fim de registro, mediante simples comunicação, da qual constarão:

I — a situação de microempresa ou de empresa de pequeno porte;

II — o nome e demais dados de identificação da empresa;

III — a indicação do registro de firma mercantil individual ou do arquivamento dos atos constitutivos da sociedade;

Tratamento Jurídico Diferenciado à Pequena Empresa no Processo do Trabalho   103

IV — a declaração do titular ou de todos os sócios de que o valor da receita bruta anual da empresa não excedeu, no ano anterior, o limite fixado no inciso I ou II, do art. 2⁹, conforme o caso, e de que a empresa não se enquadra em qualquer das hipóteses de exclusão relacionadas no art. 3⁹ desta Lei.

Art. 5º — Tratando-se de empresa em constituição, deverá o titular ou sócios, conforme o caso, declarar a situação de microempresa ou empresa de pequeno porte, que a receita bruta anual não excederá, no ano da constituição, o limite fixado no inciso I ou II do art. 2⁹, conforme o caso, e que a empresa não se enquadra em qualquer das hipóteses de exclusão relacionadas no art. 3⁹ desta Lei.

Art. 6º — O arquivamento, nos órgãos de registro, dos atos constitutivos de firmas mercantis individuais e de sociedades que se enquadrarem como microempresa ou empresa de pequeno porte, bem como o arquivamento de suas alterações, fica dispensado das seguintes exigências:

I — certidão de inexistência de condenação criminal, exigida pelo inciso II, do art. 37, da Lei n. 8.934, de 1994, que será substituída por declaração do titular ou administrador, firmada sob as penas da lei, de não estar impedido de exercer atividade mercantil ou a administração de sociedade mercantil, em virtude de condenação criminal;

II — prova de quitação, regularidade ou inexistência de débito referente a tributo ou contribuição de qualquer natureza, salvo no caso de extinção de firma mercantil individual ou de sociedade;

Parágrafo único — Não se aplica às microempresas e empresas de pequeno porte o disposto no art. 1º, § 2º, da Lei n. 8.906/94.

Art. 7º — Feita a comunicação, e independentemente de alteração do ato constitutivo, a microempresa adotará, em seguida ao seu nome, a expressão "microempresa" ou, abreviadamente, "ME", e a empresa de pequeno porte, a expressão "empresa de pequeno porte" ou "EPP".

Parágrafo único — É privativo de microempresa e empresa de pequeno porte o uso das expressões de que trata este artigo.

CAPÍTULO IV
Do Desenquadramento e Reenquadramento

Art. 8º — O desenquadramento da microempresa e empresa de pequeno porte dar-se-á quando excedidos ou não alcançados os respectivos limites de receita bruta anual fixados no art. 2⁹.

§ 1º — Desenquadrada a microempresa, passa automaticamente à condição de empresa de pequeno porte, e esta passa à condição de empresa excluída do regime desta Lei ou retorna à condição de microempresa.

104   Marcelo Rugeri Grazziotin

§ 2º — A perda da condição de microempresa ou de empresa de pequeno porte, em decorrência do excesso de receita bruta, somente ocorrerá se o fato se verificar durante dois anos consecutivos ou três anos alternados, em um período de cinco anos.

Art. 9º — A empresa de pequeno porte reenquadrada como empresa, a microempresa reenquadrada na condição de empresa de pequeno porte e a empresa de pequeno porte reenquadrada como microempresa comunicarão este fato ao órgão de registro, no prazo de trinta dias, a contar da data da ocorrência.

Parágrafo único — Os requerimentos e comunicações previstos neste Capítulo e no Capítulo anterior poderão ser feitos por via postal, com aviso de recebimento.

CAPÍTULO V
Do Regime Previdenciário e Trabalhista

Art. 10 — O Poder Executivo estabelecerá procedimentos simplificados, além dos previstos neste Capítulo, para o cumprimento da legislação previdenciária e trabalhista por parte das microempresas e empresas de pequeno porte, bem como para eliminar exigências burocráticas e obrigações acessórias que sejam incompatíveis com o tratamento simplificado e favorecido previsto nesta Lei.

Art. 11 — A microempresa e empresa de pequeno porte são dispensadas do cumprimento das obrigações acessórias a que se referem os arts. 74, 135, § 2º, 360, 429 e 628, § 1º da Consolidação das Leis do Trabalho — CLT.

Parágrafo único — O disposto no *caput* deste artigo não dispensa a microempresa e empresa de pequeno porte dos seguintes procedimentos:

I — anotações na Carteira de Trabalho e Previdência Social — CTPS;

II — apresentação da Relação Anual de Informações Sociais — RAIS e do Cadastro Geral de Empregados e Desempregados — CAGED;

III — arquivamento dos documentos comprobatórios de cumprimento das obrigações trabalhistas e previdenciárias, enquanto não prescreverem essas obrigações;

IV — apresentação da Guia de Recolhimento do Fundo de Garantia do Tempo de Serviço e Informações à Previdência Social — GFIP.

Art. 12 — Sem prejuízo de sua ação específica, as fiscalizações trabalhista e previdenciária prestarão, prioritariamente, orientação à microempresa e à empresa de pequeno porte.

Parágrafo único — No que se refere à fiscalização trabalhista, será observado o critério da dupla visita para lavratura de autos de infração, salvo quando

Tratamento Jurídico Diferenciado à Pequena Empresa no Processo do Trabalho   105

for constatada infração por falta de registro de empregado, ou anotação da Carteira de Trabalho e Previdência Social — CTPS, ou ainda na ocorrência de reincidência, fraude, resistência ou embaraço à fiscalização.

Art. 13 — Na homologação de rescisão de contrato de trabalho, o extrato de conta vinculada ao trabalhador relativa ao Fundo de Garantia do Tempo de Serviço — FGTS poderá ser substituído pela Guia de Recolhimento do Fundo de Garantia do Tempo de Serviço e Informações à Previdência Social — GFIP pré-impressa no mês anterior, desde que sua quitação venha a ocorrer em data anterior ao dia dez do mês subseqüente à sua emissão.

CAPÍTULO VI
Do Apoio Creditício

Art. 14 — O Poder Executivo estabelecerá mecanismos fiscais e financeiros de estímulo às instituições financeiras privadas no sentido de que mantenham linhas de crédito específicas para as microempresas e empresas de pequeno porte.

Art. 15 — As instituições financeiras oficiais que operam com crédito para o setor privado manterão linhas de crédito específicas para as microempresas e para as empresas de pequeno porte, devendo o montante disponível e suas condições de acesso ser expressas, nos seus respectivos documentos de planejamento, e amplamente divulgados.

Parágrafo único — As instituições de que trata este artigo farão publicar, semestralmente, relatório detalhado dos recursos planejados e aqueles efetivamente utilizados na linha de crédito mencionada neste artigo, analisando as justificativas do desempenho alcançado.

Art. 16 — As instituições de que trata o artigo anterior, nas suas operações com as microempresas de pequeno porte, atuarão, em articulação com as entidades de apoio e representação daquelas empresas, no sentido de propiciar mecanismos de treinamento, desenvolvimento gerencial e capacitação tecnológica articulados com as operações de financiamento.

Art. 17 — Para fins de apoio creditício à exportação, serão utilizados os parâmetros de enquadramento de empresas, segundo o porte, aprovados pelo Mercado Comum do Sul — MERCOSUL para as microempresas e empresas de pequeno porte.

Art. 18 — (VETADO)

CAPÍTULO VII
Do Desenvolvimento Empresarial

Art. 19 — O Poder Executivo estabelecerá mecanismos de incentivos fiscais e financeiros, de forma simplificada e descentralizada, às microempresas e às empresas de pequeno porte, levando em consideração a sua capacidade de geração e manutenção de ocupação e emprego, potencial de competitividade e de capacitação tecnológica, que lhes garantirão o crescimento e o desenvolvimento.

Art. 20 — Dos recursos federais aplicados em pesquisa, desenvolvimento e capacitação tecnológica na área empresarial, no mínimo 20% (vinte por cento), serão destinados, prioritariamente, para o segmento da microempresa e da empresa de pequeno porte.

Parágrafo único — As organizações federais atuantes em pesquisa, desenvolvimento e capacitação tecnológica deverão destacar suas aplicações voltadas ao apoio às microempresas e empresas de pequeno porte.

Art. 21 — As microempresas e empresas de pequeno porte terão tratamento diferenciado e favorecido no que diz respeito ao acesso a serviços de metrologia e certificação de conformidade prestados por entidades tecnológicas públicas.

Parágrafo único — As entidades de apoio e de representação das microempresas e empresas e pequeno porte criarão condições que facilitem o acesso aos serviços de que trata o artigo anterior.

Art. 22 — O Poder Executivo diligenciará para que se garantam às entidades de apoio e de representação das microempresas e empresas de pequeno porte condições para capacitarem essas empresas para que atuem de forma competitiva no mercado interno e externo, inclusive mediante o associativismo de interesse econômico.

Art. 23 — As microempresas e empresas de pequeno porte terão tratamento diferenciado e favorecido quando atuarem no mercado internacional, seja importando ou exportando produtos e serviços, para o que o Poder Executivo estabelecerá mecanismos de facilitação, desburocratização e capacitação.

Parágrafo único — Os órgãos e entidades da Administração Federal Direta e Indireta, intervenientes nas atividades de controle da exportação e da importação, deverão adotar procedimentos que facilitem as operações que envolvam as microempresas e as empresas de pequeno porte, otimizando prazos e reduzindo custos.

Art. 24 — A política de compras governamentais dará prioridade à microempresa e à empresa de pequeno porte, individualmente ou de forma associada, com processo especial e simplificado nos termos da regulamentação desta Lei.

CAPÍTULO VIII
Sociedade de Garantia Solidária

Art. 25 — Fica autorizada a constituição de Sociedade de Garantia Solidária, constituída sob a forma de sociedade anônima, para a concessão de garantia a seus sócios participantes, mediante a celebração de contratos.

Tratamento Jurídico Diferenciado à Pequena Empresa no Processo do Trabalho 107

Parágrafo único — A sociedade de garantia solidária será constituída de sócios participantes e sócios investidores:

I — os sócios participantes serão, exclusivamente, microempresas e empresas de pequeno porte com, no mínimo, 10 (dez) participantes e participação máxima individual de 10% (dez por cento) do capital social;

II — os sócios investidores serão pessoas físicas ou jurídicas, que efetuarão aporte de capital na sociedade, com o objetivo exclusivo de auferir rendimentos, não podendo sua participação, em conjunto, exceder a 49% (quarenta e nove por cento) do capital social.

Art. 26 — O estatuto social da sociedade de garantia solidária deve estabelecer:

I — finalidade social, condições e critérios para admissão de novos sócios participantes e para sua saída e exclusão;

II — privilégio sobre as ações detidas pelo sócio excluído por inadimplência;

III — proibição de que as ações dos sócios participantes sejam oferecidas como garantia de qualquer espécie; e

IV — estrutura, compreendendo a Assembléia Geral, órgão máximo da sociedade, que elegerá o Conselho Fiscal e o Conselho de Administração, que, por sua vez, indicará a Diretoria Executiva.

Art. 27 — A sociedade de garantia solidária fica sujeita ainda às seguintes condições:

I — proibição de concessão a um mesmo sócio participante de garantia superior a 10% (dez por cento) do capital social ou do total garantido pela sociedade, o que for maior;

II — proibição de concessão de crédito a seus sócios ou a terceiros; e

III — dos resultados líquidos, alocação de 5% (cinco por cento), para reserva legal, até o limite de 20% (vinte por cento) do capital social; e de 50% (cinqüenta por cento) da parte correspondente aos sócios participantes para o fundo de risco, que será constituído também por aporte dos sócios investidores e de outras receitas aprovadas pela Assembléia Geral da sociedade.

Art. 28 — O contrato de garantia solidária tem por finalidade regular a concessão da garantia pela sociedade ao sócio participante, mediante o recebimento da taxa de remuneração pelo serviço prestado, devendo fixar as cláusulas necessárias ao cumprimento das obrigações do sócio beneficiário perante a sociedade.

Parágrafo único — Para a concessão da garantia, a sociedade de garantia solidária poderá exigir a contragarantia por parte do sócio participante beneficiário.

Art. 29 — As microempresas e empresas de pequeno porte podem oferecer as suas contas e valores a receber como lastro para a emissão de valores mobiliários a serem colocados junto aos investidores no mercado de capitais.

Art. 30 — A sociedade de garantia solidária pode conceder garantia sobre o montante de recebíveis de seus sócios participantes, objeto de securitização, podendo também prestar o serviço de colocação de recebíveis junto a empresa de securitização especializada na emissão dos títulos e valores mobiliários transacionáveis no mercado de capitais.

Parágrafo único — O agente fiduciário, de que trata o *caput*, não tem direito de regresso contra as empresas titulares dos valores e contas a receber, objeto de securitização.

Art. 31 — A função de registro, acompanhamento e fiscalização das sociedades de garantia solidária, sem prejuízo das autoridades governamentais competentes, poderá ser exercida pelas entidades vinculadas às microempresas e às empresas de pequeno porte, em especial o Serviço Brasileiro de Apoio às Micro e Pequenas Empresas — SEBRAE, mediante convênio a ser firmado com o Executivo.

CAPÍTULO IX
Das Penalidades

Art. 32 — A pessoa jurídica e a firma mercantil individual que, sem observância dos requisitos desta Lei, pleitear seu enquadramento ou se mantiver enquadrada como microempresa ou empresa de pequeno porte estará sujeita às seguintes conseqüências e penalidades:

I — cancelamento de ofício de seu registro como microempresa ou como empresa de pequeno porte;

II — aplicação automática, em favor da instituição financeira, de multa de 20% (vinte por cento) sobre o valor monetariamente corrigido dos empréstimos obtidos com base nesta Lei, independentemente do cancelamento do incentivo de que tenha sido beneficiada.

Art. 33 — A falsidade de declaração prestada objetivando os benefícios desta Lei caracteriza o crime de que trata o art. 299 do Código Penal, sem prejuízo de enquadramento em outras figuras penais.

CAPÍTULO X
Disposições Finais

Art. 34 — Os órgãos fiscalizadores de registro de produtos procederão a análise para inscrição e licenciamento a que estiverem sujeitas as microempresas e empresas de pequeno porte, no prazo máximo de trinta dias, a contar da data de entrega da documentação ao órgão.

Tratamento Jurídico Diferenciado à Pequena Empresa no Processo do Trabalho   109

Art. 35 — As firmas mercantis individuais e as sociedades mercantis e civis enquadráveis como microempresa ou empresa de pequeno porte que, durante cinco anos, não tenham exercido atividade econômica de qualquer espécie, poderão requerer e obter a baixa no registro competente, independentemente de prova de quitação de tributos e contribuições para com a Fazenda Nacional, bem como para com o Instituto Nacional de Seguro Social — INSS e para com o Fundo de Garantia do Tempo de Serviço — FGTS.

Art. 36 — A inscrição e alterações da microempresa e da empresa de pequeno porte em órgãos da Administração Federal ocorrerá independentemente da situação fiscal do titular, sócios, administradores ou de empresas de que esses participem.

Art. 37 — As microempresas e as empresas de pequeno porte ficam isentas de pagamento de preços, taxas e emolumentos remuneratórios de registro das declarações referidas nos arts. 4º, 5º e 9º desta Lei.

Art. 38 — Aplica-se às microempresas o disposto no § 1º do art. 8º, da Lei n. 9.099, de 26.9.1995, passando essas empresas, assim como as pessoas físicas capazes, a serem admitidas a proporem ação perante o Juizado Especial, excluídos os cessionários de direito de pessoas jurídicas.

Art. 39 — O protesto de título, quando o devedor for microempresário ou empresa de pequeno porte, fica sujeito às seguintes normas:

I — os emolumentos devidos ao tabelião de protesto não excederão 1% (um por cento) do valor do título, observando o limite máximo de R$ 20,00 (vinte reais), incluídos neste limite as despesas de apresentação, protesto, intimação, certidão e quaisquer outras relativas à execução dos serviços;

II — para o pagamento do título em cartório, não poderá ser exigido cheque de emissão de estabelecimento bancário, mas, feito o pagamento por meio de cheque, de emissão de estabelecimento bancário ou não, a quitação dada pelo tabelionato de protesto será condicionada à efetiva liquidação do cheque;

III — o cancelamento do registro de protesto, fundado no pagamento do título, será feito independentemente de declaração de anuência do credor, salvo no caso de impossibilidade de apresentação do original protestado;

IV — para os fins do disposto no *caput* e nos incisos I, II e III, caberá ao devedor provar sua qualidade de microempresa ou empresa de pequeno porte perante o tabelionato de protestos de títulos, mediante documento expedido pela Junta Comercial ou pelo Registro Civil das Pessoas Jurídicas, conforme o caso.

Art. 40 — Os arts. 29 e 31 da Lei n. 9.492, de 10.9.1997, passam a vigorar com a seguinte redação:

"Art. 29 — Os cartórios fornecerão às entidades representativas da indústria e do comércio ou àquelas vinculadas à proteção do crédito, quando solicitada, certidão diária, em forma de relação, dos protestos tirados e dos cancelamentos efetuados, com a nota de se cuidar de informação reservada da qual não se poderá dar publicidade pela imprensa, nem mesmo parcialmente."

"§ 1º — O fornecimento da certidão será suspenso caso se desatenda ao disposto no *caput* ou se forneçam informações de protestos cancelados."

"§ 2º — Dos cadastros ou bancos de dados, das entidades referidas no *caput*, somente serão prestadas informações restritivas de crédito oriundas de títulos ou documentos de dívidas regularmente protestados, cujos registros não foram cancelados."

"§ 3º — Revogado. Lei n. 9.841 de 5.10.1999.

"Art. 31. Poderão ser fornecidas certidões de protestos, não cancelados, a quaisquer interessados, desde que requeridas por escrito."

Art. 41 — Ao Ministério do Desenvolvimento, Indústria e Comércio Exterior compete acompanhar e avaliar a implantação efetiva das normas desta Lei, visando seu cumprimento e aperfeiçoamento.

Parágrafo único — Para o cumprimento do disposto neste artigo, o Poder Executivo fica autorizado a criar o Fórum Permanente da Microempresa e da Empresa de Pequeno Porte, com participação dos órgãos federais competentes e das entidades vinculadas ao setor.

Art. 42 — O Poder Executivo regulamentará esta Lei no prazo de noventa dias, a contar da data de sua publicação.

Art. 43 — Revogam-se as disposições em contrário e, em especial, as Leis ns. 7.256, de 27.11.1984, e n. 8.864, de 28.3.1994.

ANEXO 2

DECRETO N. 3.474, DE 19 DE MAIO DE 2000

Regulamenta a Lei n. 9.841, de 5.10.1999, que institui o Estatuto da Microempresa e da Empresa de Pequeno Porte, e dá outras providências.

O PRESIDENTE DA REPÚBLICA , usando da atribuição que lhe confere o art. 84, inciso IV, da Constituição, e tendo em vista o disposto no art. 42, da Lei n. 9.841, de 5.10.1999, DECRETA:

CAPÍTULO I
Das Definições

Art. 1º — Este Decreto regulamenta o tratamento jurídico diferenciado assegurado às microempresas e empresas de pequeno porte, em conformidade com o que dispõe a Lei n. 9.841, de 5.10.1999, bem como, no campo tributário, em consonância com a Lei n. 9.317, de 5.12.1996.

Tratamento Jurídico Diferenciado à Pequena Empresa no Processo do Trabalho 111

Art. 2º — Para os efeitos da Lei n. 9.841, de 1999, e deste Decreto, considera-se:

I — ano-calendário, como o período de cálculo para determinação da receita bruta anual;

II — receita bruta, como o produto da venda de bens nas operações de conta própria, o preço dos serviços prestados e o resultado auferido nas operações de conta alheia, não incluídos as vendas canceladas, os descontos incondicionais concedidos e os impostos não cumulativos cobrados, destacadamente, do comprador ou contratante, dos quais o vendedor dos bens ou prestador dos serviços seja mero depositário;

III — primeiro ano de atividade, como o de início ou de reinício de atividades da pessoa jurídica ou firma mercantil individual que as tenha interrompido.

CAPÍTULO II
Do Registro, do Enquadramento e
do Reenquadramento

Art. 3º — É facultado o registro como microempresa e empresa de pequeno porte à pessoa jurídica ou à firma mercantil individual que preencha os requisitos legais.

Parágrafo único — O registro, que constitui prova bastante da condição de microempresa ou empresa de pequeno porte, é indispensável para assegurar a garantia dos direitos previstos na Lei n. 9.841, de 1999, e nas demais normas aplicáveis à espécie, exceto para apoio creditício à exportação.

Art. 4º — A comprovação da condição de microempresa ou empresa de pequeno porte poderá ser efetuada mediante:

I — apresentação de original ou cópia autenticada da comunicação registrada, de que trata o art. 5º deste Decreto, ou de certidão em que conste a condição de microempresa ou empresa de pequeno porte, expedida pelo órgão de registro competente;

II — acesso, pelo próprio órgão concedente do benefício, à informação do órgão de registro sobre a condição de microempresa ou empresa de pequeno porte.

Parágrafo único — Os órgãos e as entidades interessados no acesso às informações, a que se refere o inciso II, poderão celebrar convênio com os órgãos de registro para esta finalidade.

Art. 5º — O registro será efetuado, conforme o caso, pelas Juntas Comerciais ou pelos Cartórios de Registro Civil de Pessoas Jurídicas, à vista de comunicação, em instrumento específico para essa finalidade, procedida pela firma mercantil individual ou pessoa jurídica interessada, inclusive daquelas que preenchiam os requisitos da Lei n. 9.841, de 1999, mesmo antes de sua promulgação, para enquadramento como microempresa ou empresa de pequeno porte.

§ 1º A comunicação a que se refere este artigo conterá obrigatoriamente:

I — nome, endereço, número e data de registro do ato constitutivo e número de inscrição no Cadastro Nacional de Pessoas Jurídicas — CNPJ da comunicante;

II — declaração do titular ou de todos os sócios, inclusive acionistas e cooperados, de que:

a) a pessoa jurídica ou a firma mercantil individual se enquadra na situação de microempresa ou de empresa de pequeno porte, nos termos da Lei n. 9.841, de 1999;

b) o valor da receita brutal anual não excedeu o limite legal fixado para a categoria em que pretender ser enquadrada;

c) a pessoa jurídica ou firma mercantil individual não se enquadra em qualquer das hipóteses de exclusão relacionadas no art. 3º da Lei n. 9.841, de 1999.

§ 2º A pessoa jurídica e a firma mercantil individual que efetuar, no ano de sua constituição, a comunicação a que se refere o parágrafo anterior, dela fará constar:

I — nome e endereço e, no caso das que não fizerem a comunicação juntamente com a sua constituição, também o número e data de registro do ato constitutivo e o número de inscrição no CPNJ;

II — declaração do titular ou de todos os sócios, inclusive acionistas ou cooperados, de que:

a) se enquadra na situação de microempresa ou de empresa de pequeno porte;

b) o valor da receita bruta anual da empresa não excederá o limite fixado no inciso I ou II do art. 2º, conforme o caso;

c) não se enquadra em qualquer das hipóteses de exclusão relacionadas no art. 3º da Lei n. 9.841, de 1999.

§ 3º A pessoa jurídica e a firma mercantil individual já enquadradas como microempresa ou empresa de pequeno porte no regime jurídico da Lei n. 7.256, de 27.11.1984, ou da Lei n. 8.864, de 28.3.1994, ficam dispensadas de novo registro.

Art. 6º — Ocorrendo uma das situações excludentes da possibilidade de enquadramento mencionadas no art. 3º da Lei n. 9.841, de 1999, a pessoa jurídica e a firma mercantil individual deverá comunicar a sua exclusão do regime daquela Lei ao órgão de registro competente, no prazo de trinta dias, a contar da data da ocorrência.

Art. 7º — Quando a pessoa jurídica ou a firma mercantil individual não tiver interesse em continuar na condição de microempresa ou de empresa de pequeno porte, comunicará este fato ao órgão de registro competente.

Tratamento Jurídico Diferenciado à Pequena Empresa no Processo do Trabalho 113

Art. 8º — A devolução dos documentos registrados ou a comunicação de eventuais exigências para a efetivação do registro das microempresas e empresas de pequeno porte poderão ser feitas também por via postal simples, com comprovante de entrega.

CAPÍTULO III
Do Regime Previdenciário e Trabalhista

Art. 9º — Além das dispensas previstas na Lei n. 9.841, de 1999, ficam também exoneradas as microempresas e empresas de pequeno porte do cumprimento de quaisquer obrigações acessórias, relativas à fiscalização do trabalho, instituídas em atos normativos emanados de autoridades administrativas de qualquer espécie ou hierarquia, salvo as que, em ato do Ministro de Estado do Trabalho e Emprego, sejam consideradas imprescindíveis à proteção do trabalhador.

Art. 10 — As normas de caráter geral, constantes de atos normativos emanados de autoridades administrativas, editadas após a vigência deste Decreto, que criem obrigações acessórias relativas à fiscalização do trabalho, só serão aplicáveis às microempresas e empresas de pequeno porte se assim dispuserem expressamente.

CAPÍTULO IV
Do Apoio Creditício

Art. 11 — As instituições financeiras oficiais que operam com crédito para o setor privado deverão informar os valores das aplicações previstas para o ano seguinte, por setor e fonte de recursos, destacando a participação das microempresas e empresas de pequeno porte, devendo constar expressamente nos documentos de planejamento o montante estimado e suas condições de acesso, que serão amplamente divulgados.

§ 1º — No conjunto das demonstrações anuais das instituições financeiras oficiais, deverá ser informado o montante de recursos aplicados, para capital de giro e para financiamento de investimento, em microempresas de pequeno porte.

§ 2º — As instituições financeiras oficiais criarão relatório específico, a ser editado anualmente, onde constem o montante previsto pelo planejamento para as microempresas e empresas de pequeno porte, o montante efetivamente por elas utilizado e análise do desempenho alcançado.

§ 3º — As instituições financeiras oficiais divulgarão os relatórios de que trata este artigo pela Internet, sendo facultativa a publicação em outros meios de comunicação.

Art. 12 — O apoio creditício à exportação, previsto no art. 17 da Lei n. 9.841, de 1999, será concedido independentemente do registro a que se refere o art. 5º deste Decreto, observadas as exclusões para fins do enquadramento a que se refere o art. 3º daquela Lei.

Art. 13 — Para fins do apoio creditício à exportação, considera-se:

I — microempresa industrial, a pessoa jurídica e a firma mercantil individual que exerçam atividade industrial e que tiverem receita bruta anual igual ou inferior a R$ 720.440,00 (setecentos e vinte mil, quatrocentos e quarenta reais);

II — microempresa comercial ou de serviços, a pessoa jurídica e a firma mercantil individual que exerçam atividade de comércio ou de serviços e que tiverem receita bruta anual igual ou inferior a R$ 360.220,00 (trezentos e sessenta mil, duzentos e vinte reais);

III — empresa de pequeno porte industrial, a pessoa jurídica e a firma mercantil individual que exerçam atividade industrial e que tiverem receita bruta anual igual ou inferior a R$ 6.303.850,00 (seis milhões, trezentos e três mil, oitocentos e cinqüenta reais);

IV — empresa de pequeno porte comercial ou de serviços, a pessoa jurídica e a firma mercantil individual que exerçam atividade de comércio ou de serviços e que tiverem receita bruta anual igual ou inferior a R$ 2.701.650,00 (dois milhões, setecentos e um mil, seiscentos e cinqüenta reais).

§ 1º — No primeiro ano de atividade, os limites da receita bruta anual de que tratam os incisos I, II, III e IV, serão proporcionais ao número de meses em que a pessoa jurídica ou firma mercantil individual tiver exercido atividade, desconsideradas as frações de mês.

§ 2º — O Ministério do Desenvolvimento, Indústria e Comércio Exterior atualizará os valores constantes dos incisos I, II, III e IV segundo o porte e o ramo de atividade, com base nos parâmetros de classificação de empresas aprovados pelo Mercado Comum do Sul — MERCOSUL.

CAPÍTULO V
Do Desenvolvimento Empresarial

Art. 14 — Os órgãos e as entidades da Administração Pública que atuem nas áreas tecnológicas de metrologia e certificação de conformidade, em articulação com as entidades de apoio e de representação das microempresas e empresas de pequeno porte, promoverão programas de capacitação de recursos humanos orientados para a gestão da qualidade e do aumento da produtividade.

Art. 15 — Os órgãos e as entidades da Administração Pública, em conjunto com as entidades de apoio e de representação das microempresas e empre-

Tratamento Jurídico Diferenciado à Pequena Empresa no Processo do Trabalho   115

sas de pequeno porte, deverão desenvolver programas de fomento, cujas metas tenham por finalidade o treinamento, o desenvolvimento gerencial e a capacitação tecnológica, articulados com as operações de financiamento.

Art. 16 — Os órgãos e as entidades da Administração direta e indireta intervenientes nas atividades de controle das importações e exportações observarão, para as microempresas e empresas de pequeno porte, os seguintes benefícios:

I — tratamento automático no Registro de Exportadores e Importadores;

II — liberação das mercadorias enquadradas no regime simplificado de exportação nos prazos máximos abaixo indicados, salvo quando depender de providência a ser cumprida pelo próprio exportador:

a) quarenta e oito horas, no caso de mercadoria sujeita a análise material ou emissão de certificados por parte dos órgãos anuentes;

b) vinte e quatro horas, nos demais casos;

III — não pagamento de encargos, exceto tributos, cobrados a título de expedição de certificados de produtos, vistos em documentos e autorizações para o registro ou licenciamento, necessários às operações de exportação e importação.

Parágrafo único — A contagem dos prazos de que trata o inciso II deste artigo ocorrerá a partir da hora de início do expediente do dia seguinte ao da entrega da documentação exigida para a operação.

Art. 17 — As microempresas e empresas de pequeno porte serão identificadas pelo Sistema Integrado de Comércio Exterior — SISCOMEX, de modo a lhes conferir tratamento simplificado nas operações de comércio exterior.

Art. 18 — As remessas postais enviadas ao exterior por microempresas e empresas de pequeno porte serão objeto de procedimentos simplificados de despacho aduaneiro, nos termos e nas condições fixados pela Secretaria da Receita Federal.

Art. 19 — Compete ao Ministério do Desenvolvimento, Indústria e Comércio Exterior propor a regulamentação de programas de capacitação, em colaboração com entidades de representação do setor privado, cujas metas tenham por finalidade priorizar o engajamento de microempresas e empresas de pequeno porte no comércio internacional.

Parágrafo único — Os programas a que se refere o *caput* deste artigo serão desenvolvidos em parceria com órgãos e entidades dos setores públicos e privado, compreendendo as seguintes ações:

I — capacitação das empresas referidas no *caput* deste artigo direcionada para o desenvolvimento integrado de habilidades básicas, específicas e de gestão;

116 Marcelo Rugeri Grazziotin

II — formação da Rede Nacional de Agentes de Comércio Exterior, com o objetivo de disseminar conhecimentos e técnicas inerentes ao comércio exterior;

III — promoção de atividades de treinamento em comércio exterior, voltadas para o aperfeiçoamento de profissionais que atuem nesse segmento;

IV — elaboração, edição e distribuição de material técnico para orientação ao exportador;

V — realização de encontros setoriais, com o objetivo de desenvolver estratégias de estímulo, de sensibilização e de informação nas áreas mercadológicas e tecnológicas.

CAPÍTULO IV
Da Aplicação das Penalidades

Art. 20 — O cancelamento de ofício do registro de microempresa ou empresa de pequeno porte, nos termos do inciso I do art. 32 da Lei n. 9.841, de 1999, será efetivado pelo órgão de registro competente, nos seguintes casos:

I — verificação de que a pessoa jurídica ou firma mercantil individual não preenche as condições legais;

II — mediante solicitação apresentada por qualquer outra instituição pública ou privada, contendo a descrição dos fatos e a motivação legal, juntando as provas que justifiquem o cancelamento.

§ 1º — O órgão de registro dará a microempresa ou empresa de pequeno porte ciência prévia dos fatos, das provas e da motivação legal que servir ao cancelamento, assegurando-se à interessada o amplo direito de defesa.

§ 2º — O cancelamento do registro de microempresa e de empresa de pequeno porte não extingue a pessoa jurídica ou a firma mercantil individual, que continua a existir sem os benefícios da Lei n. 9.841, de 1999.

CAPÍTULO VII
Das Disposições Finais e Transitórias

Art. 21 — As microempresas e empresas de pequeno porte sujeitas ao controle do Ministério da Agricultura e do Abastecimento ou do Ministério da Saúde, antes de entregar sua documentação no órgão fiscalizador de registro de produtos, deverão ter suas instalações e seus equipamentos aprovados pelos órgãos competentes.

Art. 22 — Quando o registro de produto requeira a anuência de mais de um Ministério, o prazo de trinta dias, de que trata o art. 34, da Lei n. 9.841, de 1999, é contado para cada um deles.

Tratamento Jurídico Diferenciado à Pequena Empresa no Processo do Trabalho   117

Art. 23 — O requerimento de baixa de que trata o art. 35 da Lei n. 9.841, de 1999, deverá ser instruído com a documentação exigida pelo órgão de registro competente, acompanhada de declaração, firmada pelo titular ou por todos os sócios, inclusive acionistas e cooperados, sob as penas da lei, da qual conste:

I — nome, endereço, número e data do registro do ato constutivo da pessoa jurídica ou firma mercantil;

II — que a pessoa jurídica ou a firma mercantil individual não exerce atividade econômica de qualquer espécie há mais de cinco anos, indicando o ano da paralisação;

III — que, no exercício anterior ao do início da inatividade, o volume da receita bruta anual da empresa não excedeu, conforme o caso, o limite fixado nos incisos I ou II do art. 2º da Lei n. 9.841, de 1999;

IV — que a pessoa jurídica ou firma mercantil individual não se enquadra em qualquer das hipóteses de exclusão relacionadas no art. 3º da Lei n. 9.841, de 1999;

Parágrafo único — Os órgãos de registro, tão logo procedam às respectivas baixas, deverão informar à Fazenda Nacional ao Instituto Nacional do Seguro Social — INSS e ao órgão gestor do Fundo de Garantia do Tempo de Serviço — FGTS o deferimento e arquivamento da solicitação.

Art. 24 — Fica criado o Fórum Permanente da Microempresa e Empresa de Pequeno Porte, no âmbito do Ministério do Desenvolvimento, Indústria e Comércio Exterior, com a finalidade de orientar e assessorar na formulação e coordenação da política nacional de desenvolvimento das microempresas e empresas de pequeno porte, bem como acompanhar e avaliar a sua implantação.

Art. 25 — O Fórum Permanente da Microempresa e Empresa de Pequeno Porte tem as seguintes atribuições:

I — acompanhar a implantação efetiva do Estatuto da Microempresa e Empresa de Pequeno Porte, sua regulamentação, atos e procedimentos decorrentes;

II — assessorar na formulação das políticas governamentais de apoio e fomento às microempresas e empresas de pequeno porte;

III — promover a articulação e a integração entre os diversos órgãos governamentais, as entidades de apoio, de representação e da sociedade civil organizada que atuem no segmento das microempresas e empresas de pequeno porte;

IV — articular as ações governamentais voltadas para as microempresas e empresas de pequeno porte, inclusive no campo da legislação, propondo atos e medidas necessárias;

V — promover os ajustes e aperfeiçoamentos necessários à implantação da política de fortalecimento e desenvolvimento das microempresas e empresas de pequeno porte;

VI — promover ações que levem à consolidação e articulação dos diversos programas de apoio às microempresas e empresas de pequeno porte.

Art. 26 — O Fórum Permanente das Microempresas e Empresas de Pequeno Porte será coordenado pelo Ministro de Estado do Desenvolvimento, Indústria e Comércio Exterior, com a participação dos órgãos governamentais, entidades de apoio com expressão nacional e de representação, que atuam neste segmento, e preencham os requisitos estabelecidos no regimento interno daquele Colegiado.

§ 1º — O Ministro de Estado do Desenvolvimento, Indústria e Comércio Exterior presidirá o Fórum Permanente das Microempresas e Empresas de Pequeno Porte.

§ 2º — O Presidente do Fórum, em suas faltas e impedimentos, será substituído pelo Secretário-Executivo do Ministério do Desenvolvimento, Indústria e Comércio Exterior.

§ 3º — O regimento interno do Fórum será baixado em portaria de seu Presidente.

§ 4º — Fica autorizada a criação, no âmbito do Fórum, de Comitês Temáticos.

§ 5º — Os Comitês Temáticos terão como objetivo a articulação, o desenvolvimento de estudos, a elaboração de propostas e o encaminhamento dos temas específicos que deverão compor a agenda de trabalho do Fórum.

§ 6º — Os Comitês Temáticos poderão ser assessorados por grupos compostos por especialistas nas matérias tratadas.

§ 7º — O Fórum contará com uma Secretaria Técnica, a ser exercida pela Secretaria responsável pelas microempresas e empresas de pequeno porte no âmbito do Ministério do Desenvolvimento, Indústria e Comércio Exterior.

§ 8º — O Fórum reunir-se-á ordinariamente a cada quatro meses e, em caráter extraordinário, mediante convocação do seu Presidente.

Art. 27 — Este Decreto entra em vigor na data de sua publicação.

Art. 28 — Fica revogado o Decreto n. 90.880, de 30.1.1985.

Brasília, 19 de maio de 2000; 179º da Independência e 112º da República.

FERNANDO HENRIQUE CARDOSO

ANEXO 3

INSTRUÇÃO NORMATIVA TST N. 03, DE 5 DE MARÇO DE 1993 (DJU 10.3.1993)

Interpreta o art. 8º da Lei n. 8.542, de 23.12.1992 (DOU de 24.12.1992), que trata do depósito para recurso nas ações na Justiça do Trabalho.

Tratamento Jurídico Diferenciado à Pequena Empresa no Processo do Trabalho   119

O Tribunal Superior do Trabalho, em sua composição Plena, sob a Presidência do Excelentíssimo Senhor Ministro Orlando Teixeira da Costa, considerando o advento da Lei n. 8.542/92, que em seu art. 8º deu nova redação ao art. 40 da Lei n. 8.177/91, que altera o contido nos parágrafos do art. 899 da CLT, baixa esta Instrução para definir a sua interpretação quanto ao depósito recursal a ser feito nos recursos interpostos perante a Justiça do Trabalho.

I — Os depósitos de que trata o art. 40 e seus parágrafos, da Lei n. 8.177/91, com a redação dada pelo art. 8º da Lei n. 8.542/92, não têm natureza jurídica de taxa de recurso, mas de garantia do juízo recursal, que pressupõe decisão condenatória ou executória de obrigação de pagamento em pecúnia, com valor líquido ou arbitrado.

II — No processo de conhecimento dos dissídios individuais o valor do depósito é limitado a Cr$ 20.000.000,00 (vinte milhões de cruzeiros) ou novo valor corrigido, para o recurso ordinário, e a Cr$ 40.000.000,00 (quarenta milhões de cruzeiros) ou novo valor corrigido, para cada um dos recursos subseqüentes, isto é, de revista, de embargos (ditos impropriamente infringentes) e extraordinário, para o Supremo Tribunal Federal, observando-se o seguinte:

a) depositado o valor total da condenação, nenhum depósito será exigido nos recursos das decisões posteriores, salvo se o valor da condenação vier a ser ampliado;

b) se o valor constante do primeiro depósito, efetuado no limite legal, é inferior ao da condenação, será devida complementação de depósito em recurso posterior, observado o valor nominal remanescente da condenação e/ou os limites legais para cada novo recurso;

c) havendo acréscimo ou redução da condenação em grau recursal, o juízo prolator da decisão arbitrará novo valor à condenação, quer para a exigibilidade de depósito ou complementação do já depositado, para o caso de recurso subseqüente, quer para liberação do valor excedente decorrente da redução da condenação;

d) nos dissídios individuais singulares o depósito será efetivado pelo recorrente, mediante a utilização das guias correspondentes, na conta do empregado no FGTS — Fundo de Garantia do Tempo de Serviço, em conformidade com os §§ 4º e 5º, do art. 899 da CLT, ou fora dela, desde que feito na sede do Juízo e permaneça à disposição deste, mediante guia de depósito judicial extraída pela Secretaria Judiciária;

e) nas reclamatórias plúrimas e nas em que houver substituição processual, será arbitrado o valor total da condenação, para o atendimento da exigência legal do depósito recursal, em conformidade com as alíneas anteriores, mediante guia de depósito judicial extraída pela Secretaria Judiciária do órgão em que se encontra o processo;

f) com o trânsito em julgado da decisão condenatória, os valores que tenham sido depositados e seus acréscimos serão considerados na execução;

g) com o trânsito em julgado da decisão que absolveu o demandado da condenação, ser-lhe-á autorizado o levantamento do valor depositado e seus acréscimos.

III — Julgada procedente ação rescisória e imposta condenação em pecúnia, será exigido um único depósito recursal, até o limite máximo de Cr$ 40.000.000,00 (quarenta milhões de cruzeiros) ou novo valor corrigido, dispensado novo depósito para os recursos subseqüentes, observando-se o seguinte:

a) o depósito será efetivado pela parte recorrente vencida, mediante guia de depósito judicial expedida pela Secretaria Judiciária, à disposição do Juízo da causa;

b) com o trânsito em julgado da decisão, se condenatória, o valor depositado e seus acréscimos serão considerados na execução; se absolutória, será liberado o levantamento do valor do depositado e seus acréscimos.

IV — A exigência de depósito no processo de execução observará o seguinte:

a) a inserção da vírgula entre as expressões "... aos embargos" e "à execução..." é atribuída a erro de redação, devendo ser considerada a locução "embargos à execução";

b) dada a natureza jurídica dos embargos à execução, não será exigido depósito para a sua oposição quando estiver suficientemente garantida a execução por depósito recursal já existente nos autos, efetivado no processo de conhecimento, que permaneceu vinculado à execução, e/ou pela nomeação ou apreensão judicial de bens do devedor, observada a ordem preferencial estabelecida em lei;

c) garantida integralmente a execução nos embargos, só haverá exigência de depósito em qualquer recurso subseqüente do devedor se tiver havido elevação do valor do débito, hipótese em que o depósito recursal corresponderá ao valor do acréscimo, sem qualquer limite;

d) o depósito previsto no item anterior será efetivado pelo executado recorrente, mediante guia de depósito judicial expedida pela Secretaria Judiciária, à disposição do Juízo da execução;

e) com o trânsito em julgado da decisão que liquidar a sentença condenatória, serão liberados em favor do exeqüente os valores disponíveis, no limite da quantia exeqüenda, prosseguindo, se for o caso, a execução por crédito remanescente, e autorizando-se o levantamento, pelo executado, dos valores que acaso sobejarem.

V — Nos termos da redação do § 3º do art. 40, não é exigido depósito para recurso ordinário interposto em dissídio coletivo, eis que a regra aludida atribui valor ao recurso, com efeitos limitados portanto ao cálculo das custas processuais.

VI — Os valores alusivos aos limites de depósito recursal serão reajustados bimestralmente pela variação acumulada do INPC do IBGE dos dois meses

Tratamento Jurídico Diferenciado à Pequena Empresa no Processo do Trabalho   121

imediatamente anteriores e serão calculados e publicados no DJU por ato do Presidente do Tribunal Superior do Trabalho, tornando-se obrigatória a sua observância a partir do quinto dia seguinte ao da publicação.

VII — Toda decisão condenatória ilíquida deverá conter o arbitramento do valor da condenação. O acréscimo de condenação em grau recursal, quando ilíquido, deverá ser arbitrado também para fins de depósito.

VIII — O depósito judicial, realizado na conta do empregado no FGTS ou em estabelecimento bancário oficial, mediante guia à disposição do Juízo, será da responsabilidade da parte quanto à exatidão dos valores depositados e deverá ser comprovado, nos autos, pelo recorrente no prazo do recurso a que se refere, independentemente da sua antecipada interposição, observado o limite do valor vigente na data da efetivação do depósito, bem como o contido no item VI.

IX — É exigido depósito recursal para o recurso adesivo, observados os mesmos critérios e procedimentos do recurso principal previsto nesta Instrução Normativa.

X — Não é exigido depósito recursal, em qualquer fase do processo ou grau de jurisdição, dos entes de direito público externo e das pessoas de direito público contempladas no Decreto-Lei n. 779, de 21.8.1969, bem assim da massa falida, da herança jacente e da parte que, comprovando insuficiência de recursos, receber assistência judiciária integral e gratuita do Estado (art. 5º, LXXIV-CF).

XI — Não se exigirá a efetivação de depósito em qualquer fase ou grau recursal do processo, fora das hipóteses previstas nesta Instrução Normativa.

XII — Os processos em curso no período intercorrente entre 24.12.1992 e 15.3.1993, data da vigência desta Instrução Normativa, serão a ela adequados quanto ao depósito para recurso, por iniciativa do Juiz ou Órgão Julgador competente, que determinará, quando for o caso, a intimação da parte para que regularize o depósito no prazo de oito dias.

XIII — Havendo acordo para extinção do processo, as partes disporão sobre o valor depositado. Na ausência de expressa estipulação dos interessados, o valor disponível será liberado em favor da parte depositante.

XIV — Esta Instrução Normativa entrará em vigor no dia 15.3.1993 e será reexaminada, no que couber, para guardar conformidade com o que vier a ser decidido pelo Supremo Tribunal Federal na Ação Direta de Inconstitucionalidade — 836-6-DF, ficando revogada a Instrução Normativa n. 2, de 30.4.1991, deste Tribunal.

Sessão do Tribunal Pleno de 5 de março de 1993.

ANEXO 4

DECRETO N. 5.028, DE 31 DE MARÇO DE 2004

Altera os valores dos limites fixados nos incisos I e II do art. 2º da Lei n. 9.841, de 5 de outubro de 1999, que instituiu o Estatuto da Microempresa e da Empresa de Pequeno Porte.

O PRESIDENTE DA REPÚBLICA, no uso da atribuição que lhe confere o art. 84, inciso IV, da Constutuição, e tendo em vista o disposto no § 3º do art. 2º da Lei n. 9.841, de 5 de outubro de 1999,

DECRETA:

Art. 1º — Os valores dos limites fixados nos incisos I e II do art. 2º da Lei n. 9.841, de 5 de outubro de 1999, passam a ser os seguintes:

I — microempresa, a pessoa jurídica e a firma mercantil individual que tiver receita bruta anual igual ou inferior a R$ 433.755,14 (quatrocentos e trinta e três mil, setecentos e cinqüenta e cinco reais e quatorze centavos);

II — empresa de pequeno porte, a pessoa jurídica e a firma mercantil individual que, não enquadrada como microempresa, tiver receita bruta anual superior a R$ 433.755,14 (quatrocentos e trinta e três mil, setecentos e cinqüenta e cinco reais e quatorze centavos) e igual ou inferior a R$ 2.133.222,00 (dois milhões, cento e trinta e três mil, duzentos e vinte e dois reais).

Art. 2º — Este Decreto entra em vigor na data de sua publicação.

Brasília, 31 de março de 2004; 183º da Independência e 116º da República.

LUIZ INÁCIO LULA DA SILVA

Luiz Fernando Furlan

Referências Bibliográficas

ABURDENE, Patricia. *Megatendências para as mulheres*. Tradução de Magda Lopes. 2ª ed. Rio de Janeiro: Rosa dos Tempos, 1994.

ALEXY, Robert. "Colisão de direitos fundamentais e realização de direitos fundamentais no estado de direito democrático". *Revista da Faculdade de Direito da Universidade do Rio Grande do Sul*. Porto Alegre: UFRGS, v. 17, Síntese, 1999.

ALMEIDA, Ísis de. *Manual de direito processual do trabalho*. 5ª ed. São Paulo: LTr, 1º e 2º v., 1993.

ALMEIDA, Renato Rua de. "A pequena empresa e os novos paradigmas do direito do trabalho". *Revista LTr*, São Paulo, v. 64, n. 10, outubro de 2000.

BARROSO, Luís Roberto. *Interpretação e aplicação da Constituição: fundamentos de uma dogmática constitucional transformadora*. 3ª ed. São Paulo: Saraiva, 1999.

_____. *O direito constitucional e a efetividade de suas normas: limites e possibilidades da Constituição brasileira*. 4ª ed. Rio de Janeiro: Renovar, 2000.

BASTOS, Celso Ribeiro. *Ética no direito e na economia*. Coordenador Ives Gandra Martins. São Paulo: Pioneira, 1999.

BOBBIO, Norberto. *A era dos direitos*. Tradução de Carlos Nelson Coutinho. 10ª ed. Rio de Janeiro: Campus, 1992.

BONAVIDES, Paulo. *Curso de direito constitucional*. 11ª ed. São Paulo: Malheiros, 2001.

BRASIL. *Código Civil*. Coordenação Giselle de Melo Braga Tapai. 2ª ed. São Paulo: Revista dos Tribunais, 2002.

BRASIL. *Código de Defesa do Consumidor*. Carlos Alberto Bittar. Rio de Janeiro: Forense Universitária, 1990.

BRASIL. *Código de Processo Civil e legislação processual em vigor*. Organização, seleção e notas. Theotônio Negrão com a colaboração de José Roberto Ferreira Gouvêa. 31ª ed. São Paulo: Saraiva, 2000.

BRASIL. *Constituição da República Federativa do Brasil*. Texto constitucional de 5 de outubro de 1988 com as alterações adotadas pelas Emendas Constitucionais de n. 1, de 1992, a 35, de 2001, e pelas Emendas Constitucionais de Revisão de n. 1 a 6, de 1994. 18ª ed. Brasília: Câmara dos Deputados, Coordenação de Publicações, 2002.

124 Marcelo Rugeri Grazziotin

BRASIL. *Estatuto da Microempresa e da Empresa de Pequeno Porte*. Disponível (Internet) site: *http://www.senado.gov.br/web/secsdefa/principa.shtm* e direto no texto: *http://wwwt.senado.gov.br/servlets/NJUR.Filtro?tipo=LEI&secao= NJUILEGBRAS&numLei=009841&data=19991005&pathServer= www1/netacgi/ nph-brs.exe&seq=000.* Capturado em 10.9.2002.

BRASIL. Ministério do Desenvolvimento, Indústria e Comércio Exterior, Secretaria do Desenvolvimento da Produção, Departamento de Micro, Pequenas e Médias Empresas. *Micro, pequenas e médias empresas: definições e estatísticas internacionais.* Disponível (Internet): *http://www.mdic.gov.br/progacoes/ MPMe/doc/defineMPE.PDF.* Capturado em 22.1.2004.

BRASIL. *Tribunal Superior do Trabalho.* Recurso de Revista n. 462885. Recorrente: Carlos Alberto Nenê Felipe — ME. Recorrida: Marisa Maria de Oliveira. Relator Juiz convocado Aloysio Santos, 25.6.2002. Disponível (Internet): *http://www.tst.gov.br/.* Capturado em 2.11.2002.

CANOTILHO, J. J. Gomes. *Direito constitucional e teoria da Constituição.* Portugal: Almedina, 1999.

CARNELUTTI, Francesco. *Instituições do processo civil.* Tradução Adrán Sotero de Witt Batista. Campinas: Servanda, v. II, 1999.

CARRION, Valentin. *Comentários à Consolidação das Leis do Trabalho.* 26ª ed. São Paulo: Saraiva, 2001.

CAXIAS DO SUL. *Código Tributário do Município de Caxias do Sul.* Disponível (Internet): *http://www.caxias.rs.gov.br/.* Capturado em 15.9.2002.

CHESNAIS, François. *A mundialização do capital.* Tradução Silvana Finzi Foá. São Paulo: Xamã, 1996.

CHIARELLI, Carlos Alberto Gomes. *Temas de integração com enfoques no Mercosul.* Coordenador Carlos Alberto Chiarelli. São Paulo: LTr, v. 1, 1997.

COELHO DA COSTA, Antonio Luiz Monteiro. *O que é globalização?* Disponível (Internet): *http://sites.uol.com.br/antonioluizcosta/Globaliza1.htm.* Capturado em 27.12.2001.

COMPARATO, Fábio Konder. *A afirmação histórica dos direitos humanos.* São Paulo: Saraiva, 1999.

COSTA, Coqueijo. *Direito processual do trabalho.* Rio de Janeiro: Forense, 1995.

_____. *Princípios de direito processual do trabalho: na doutrina, na Constituição, na lei, nos prejulgados e Súmulas do TST e nas Súmulas do STF.* São Paulo: LTr, 1976.

COSTA, Márcio André Mendes. "O direito globalitário — O novo céu que nos protege?" *Jornal Síntese,* n. 11, janeiro de 1998, p. 9. *Juris Síntese Millennium.* São Paulo: Síntese, n. 30, jul./ ago./01 — CD-ROM.

Tratamento Jurídico Diferenciado à Pequena Empresa no Processo do Trabalho   125

COTRIM NETO, A. B. *Contrato e relação de emprêgo*. São Paulo: Max Limonad, 1944.

COUTINHO, Jacinto Nelson de Miranda. "Globalização e direitos humanos". *Revista da Faculdade de Direito da UFPR*, v. 33, 2000, p. 45. *Juris Síntese Millennium*. São Paulo: Síntese, n. 30, jul./ago./01 — CD-ROM.

COUTURE, Eduardo J. *Interpretação das leis processuais*. Tradução Gilda Maciel Corrêa Meyer Russomano. 4ª ed. Rio de Janeiro: Forense, 1994.

COVAS, Silvânio. *O duplo grau de jurisdição. Aspectos polêmicos e atuais dos recursos*. Coordenação Eduardo Pellegrini de Arruda Alvim, Nelson Nery Jr. e Teresa Alvim Wambier. São Paulo: Revista dos Tribunais, 2000.

CUNHA, Rodrigo Vieira da. A migração do emprego. *Você SA*. São Paulo, abril, ed. 46, ano 5, abr./02.

DAIDONE, Décio Sebastião. *Direito processual do trabalho: ponto a ponto*. 2ª ed. São Paulo: LTr, 2001.

DIESTE, Juan Francisco. *Relações de trabalho nas pequenas e médias empresas*. Tradução Edilson Alkmim Cunha. São Paulo: LTr, 1997.

DINIZ, Souza (Trad.). *Código Civil italiano*. Rio de Janeiro: Record, 1961.

FARIAS, Edilsom Pereira de. *Colisão de direito: a honra, a intimidade, a vida privada e a imagem versus a liberdade de expressão e informação*. 2ª ed. Porto Alegre: Sergio Antonio Fabris Editor, 2000.

FERREIRA, Luís Pinto. *Tratado das heranças e dos testamentos*. São Paulo: Saraiva, 1983.

FOLHA DE S. PAULO. Ed. de 9.3.1997.

FRACAROLLI, Luiz Machado. *Pequena e média empresas: aspectos legais*. São Paulo: Pioneira, 1975.

GAARDEN, Jostein. *O mundo de Sofia*. 4ª ed. São Paulo: Schwarcz, 1996.

GEBRAN NETO, João Pedro. *A aplicação imediata dos direitos e garantias individuais: a busca de uma exegese emancipatória*. São Paulo: Revista dos Tribunais, 2002.

GIGLIO, Wagner D. *Direito processual do trabalho*. 10ª ed. São Paulo: Saraiva, 1997.

GONÇALES, Odonel Urbano & MANUS, Pedro Paulo Teixeira. *Recursos do processo do trabalho*. São Paulo: LTr, 1997.

GRAU, Eros Roberto. *A ordem econômica na Constituição de 1988 (interpretação e crítica)*. 7ª ed. São Paulo: Malheiros, 2002.

HUBERMAN, Leo. *História da riqueza do homem*. 19ª ed. São Paulo: Zahar Editores, 1983.

HUNTINGTON, Samuel P. *O choque de civilizações e a recomposição da ordem mundial.* Rio de Janeiro: Objetiva, 1996.

IACOMINI, Franco. "Pequenas de grife". *Você SA.* São Paulo, abril, ed. 49, ano 5, jul./02, p. 56. Disponível (Internet): *http://vocesa.abril.uol.com.br/.* Capturado em 27.8.2002.

IANNI, Octavio. *Teorias da globalização.* 9ª ed. Rio de Janeiro: Civilização Brasileira, 2001.

ITÁLIA. *Codice Civile.* Disponível (Internet): *http://www.codicisimone.it/codici/index0.htm.* Capturado em 1º.10.2002.

LEAL, Rogério Gesta. *Hermenêutica e direito: considerações sobre a teoria do direito e os operadores jurídicos.* 2ª ed. Santa Cruz do Sul: EDUNISC, 1999.

_____. *Teoria do Estado: cidadania e poder político na modernidade.* 2ª ed. Porto Alegre: Livraria do Advogado, 2001.

LIMA, Alcides de Mendonça. *Recursos trabalhistas.* 2ª ed. São Paulo: Revista dos Tribunais, 1970.

LOBATO, Anderson Orestes Cavalcante. "Direitos fundamentais e cidadania: um estudo sobre as condições jurídico-constitucionais de implementação dos direitos humanos no Brasil". *Revista Trabalho e Ambiente.* Caxias do Sul, UCS, v. 1, n. 1, EDCUS, 2002, pp. 53-74.

_____. "O reconhecimento e as garantias constitucionais dos direitos fundamentais". *Cadernos de Direito Constitucional e Ciência Política*, 22/1998, pp. 141-159.

_____. "Os desafios da proteção jurisdicional dos direitos sociais, econômicos e culturais". *Estudos Jurídicos.* São Leopoldo, UNISINOS, v. 32, n. 86, set./dez./99, pp. 5-24.

LUCAS, Javier de. "Pluralismo jurídico, multiculturalismo y conflictos de derechos". *In El desarrollo y las aplicaciones de la sociología jurídica en España.* Oñati: ISIL, 1995, pp. 47-69.

LUÑO, Antonio Enrique Pérez. *Los derechos fundamentales.* 7ª ed. Madrid: Tecnos, 1998.

MAGANO, Octavio Bueno. "Política salarial e Justiça do Trabalho". *Folha de S. Paulo*, de 15.3.1991.

MALLET, Estêvão. "Discriminação e processo do trabalho". São Paulo: Júris Síntese n. 18, jul./ago./99. *Juris Síntese Millennium.* São Paulo: Síntese, n. 30, jul./ago./01 — CD-ROM.

MARTIN, Hans-Peter. *A armadilha da globalização.* 6ª ed. São Paulo: Globo, 1999.

Tratamento Jurídico Diferenciado à Pequena Empresa no Processo do Trabalho   127

MARTINS, Sergio Pinto. *Direito processual do trabalho: doutrina e prática forense; modelos de petições, recursos, sentenças e outros.* 15ª ed. São Paulo: Atlas, 2001.

MELLO, Celso Antonio Bandeira de. *Curso de direito administrativo.* 14ª ed. São Paulo: Malheiros, 2001.

_____. "Algumas notas sobre os direitos humanos econômicos e sociais". *Anais do VI Seminário Nacional de Pesquisa e Pós-Graduação em Direito.* Rio de Janeiro, UERJ, 1997.

MERCADO COMUM DO SUL. Disponível (Internet): *http://www.sice.oas.org* e direto nos textos: *http://www.sice.oas.org/trade/mrcsrs/resolutions/ RES9093.asp* e *http://www.sice.oas.org/trade/mrcsrs/resolutions/res5998p.asp.* Capturado em 28.8.2003.

MERRILL, Harwood F. *A pequena ou média emprêsa no atual mundo dos negócios: administrando a pequena e média emprêsa.* São Paulo: Management Center do Brasil, 1964.

MIRANDA, Jorge. *Direitos fundamentais.* Lisboa: Universidade de Lisboa, 1999.

MORAES FILHO, Evaristo de. *Introdução ao direito do trabalho.* São Paulo: LTr, 1971.

_____. *Sucessão nas obrigações e a teoria da empresa.* Rio de Janeiro: Forense, v. I e II, 1960.

MUZIO, Gabriele. "A globalização como o estágio de perfeição do paradigma moderno: uma estratégia possível para sobreviver à coerência do processo". *In Os sentidos da democracia.* Petrópolis: Vozes, 1999.

NASCIMENTO, Amauri Mascaro. *Pareceres de direito do trabalho e previdência social.* São Paulo: LTr, v. II, 1993.

NERY JÚNIOR, Nelson. *Princípios fundamentais: teoria geral dos recursos.* 2ª ed. São Paulo: Revista dos Tribunais, 1993.

OLIVEIRA, Odete Maria de. "Integração: um desafio à globalização?" *Juris Síntese Millennium.* São Paulo: Síntese, n. 30, jul./ago./01 — CD-ROM.

ORGANIZAÇÃO INTERNACIONAL DO TRABALHO. Disponível (Internet) site: *http://www.ilo.org/public/portugue/region/ampro/brasilia/index.htm* e direto no texto: *http://ilolex.ilo.ch:1567/cgi-lex/ pdconvs.pl?host=status01&textbase=ilospa &document=190&chapter=2&query=%28%23clasificaci%F3n%3D06%2A%29+%40ref &highlight=&querytype=bool.* Capturado em 28.12.2001.

PINTO, José Augusto Rodrigues. *Processo do trabalho e Constituição. Constituição e trabalho.* Coordenador Manoel Jorge e Silva Neto. São Paulo: LTr, 1998.

_____. *Recursos nos dissídios do trabalho: teoria e prática.* Rio de Janeiro: Forense, 1993.

PIOVESAN, Flávia. *Direitos humanos e o Direito constitucional internacional.* São Paulo: Max Limonad, 2000.

PLÁ RODRIGUEZ, Américo. *Princípios de direito do trabalho.* Tradução de Wagner D. Giglio. São Paulo: LTr; Ed. da Universidade de São Paulo, 1993.

PLÁCIDO E SILVA. *Vocabulário jurídico.* Rio de Janeiro — São Paulo: Forense, v. I a IV, 1963.

PRUNES, José Luiz Ferreira. *Contrato de trabalho doméstico e trabalho a domicílio.* Curitiba: Juruá, 1995.

RIFKIN, Jeremy. *O fim dos empregos: o declínio inevitável dos níveis de emprego e a redução da força global de trabalho.* Tradução Ruth Gabriela Bahr. São Paulo: Makron Books, 1995.

RIO GRANDE DO SUL. *Constituição Estadual do Rio Grande do Sul.* Disponível (Internet) site: *http://www.al.rs.gov.br/* e direto no texto: *http://www.al.rs.gov.br/ site_2001/legis/constituicao.htm.* Capturado em 15.9.2002.

RIO GRANDE DO SUL. *Lei n. 10.045, de 29.12.1993.* Disponível (Internet): *http://www.al.rs.gov.br/.* Capturado em 15.9.2002.

RIO GRANDE DO SUL. *Tribunal de Justiça do Rio Grande do Sul.* Agravo de Instrumento n. 70003895794.373/99-8. Rel. Des. Araken de Assis, 7.2.2002. Disponível (Internet): *http://www.tj.rs.gov.br/.* Capturado em 27.12.2002.

RIO GRANDE DO SUL. *Tribunal Regional do Trabalho da Quarta Região.* Agravo de Instrumento n. 60014.373/99-8. Agravante: Gilson Roberto Bonaldo — ME. Agravado: Renato Jorge de Andrade. Rel. Juiz Juraci Galvão Júnior, 10.4.2000. TRT 4ª Reg. Disponível (Internet): *http://www.trt4.gov.br/.* Capturado em 23.4.2001.

RIO GRANDE DO SUL. *Tribunal Regional do Trabalho da Quarta Região.* Agravo de Instrumento n. 74372.531/99-0. Agravante: Móveis Toso Ltda. Agravado: Alcindo Tartarotti. Relatora Juíza Maria Guilhermina Miranda, 25.5.2000. Disponível (Internet — site do TST): *http://www.tst.gov.br/.* Capturado em 2.11.2002.

ROTHENBURG, Walter Claudius. *Princípios constitucionais.* Porto Alegre: Sergio Antonio Fabris Editor, 1999.

RUSSOMANO, Mozart Victor. *Comentários à Consolidação das Leis do Trabalho.* Rio de Janeiro: Forense, 1990.

SAAD, Eduardo Gabriel. *Direito processual do trabalho.* São Paulo: LTr, 1994.

SANTA CATARINA. *Tribunal Regional do Trabalho da 12ª Região.* Agravo de Instrumento n. 9328/00. Agravante: Grêmio Recreativo dos Cabos e Soldados José Antônio Cardoso. Agravado: Gilnmar Valvito Nascimento. Rel. Juiz Luiz Fernando Cabeda, 19.12.2000. Disponível (Internet — site do TST): *http:// www.tst.gov.br/.* Capturado em 2.11.2002.

SANTOS, Hélio Antonio Bittencourt. "Prerrogativas da microempresa e da empresa de pequeno porte na legislação trabalhista". *Jornal Trabalhista.* Brasília: Consulex, ano XVIII, n. 866, 4.6.2001.

Tratamento Jurídico Diferenciado à Pequena Empresa no Processo do Trabalho   129

SILVA, Antônio Álvares da. *Depósito recursal e processo do trabalho.* Brasília: Centro de Assessoria Trabalhista, 1992.

SILVA, José Afonso da. *Aplicabilidade das normas constitucionais.* 3ª ed. São Paulo: Malheiros, 1998.

_____. *Curso de direito constitucional positivo.* 16ª ed. São Paulo: Malheiros, 1999.

SILVA, Ovídio Araújo Baptista da. *Curso de processo civil (processo de conhecimento).* 2ª ed. Porto Alegre: Sergio Antonio Fabris, 1991.

SOUTO MAIOR, Jorge Luis. "Globalização". *Juris Síntese Millennium.* São Paulo: Síntese, n. 30, jul./ago./01 — CD-ROM.

_____. "Direito do trabalho e desenvolvimento econômico — Um contraponto à teoria da flexibilização". São Paulo: Juris Síntese n. 18, jul./ago./99. *Juris Síntese Millennium.* São Paulo: Síntese, n. 30, jul./ago./01 — CD-ROM.

SUZUKI, Iwao Celso Tadakyio Mura. *O paradoxo do direito do trabalho frente ao desaparecimento de seu objeto: o desemprego estrutural como efeito da globalização.* Disponível (Internet) site: *http://www.jus.com.br/index.html* e direto no texto: *http://www1.jus.com.br/doutrina/texto.asp?id=1148.* Capturado em 24.12.2001.

TEIXEIRA FILHO, Manoel Antonio. *Sistema dos recursos trabalhistas.* 5ª ed. São Paulo: LTr, 1991.

THOMAS, Victor Bulmer. "Um fato novo na globalização o perigo". *Revista Veja.* São Paulo, abril, ed. 1.732, ano 34, n. 51, 26.12.2001.

TORRES, Ricardo Lobo. "A cidadania multidimensional na era dos direitos". *In Teoria dos direitos fundamentais.* Organizado por Ricardo Lobo Torres. Rio de Janeiro: Renovar, 1999.

UNIÃO EUROPÉIA. Recomendação da Comissão de 6.5.2003 relativa à definição de micro, pequenas e médias empresas [notificada com o número C(2003)1422] (2003/361/CE). Disponível (Internet): *http://europa.eu.int/eur-lex/pri/pt/oj/dat/2003/l_124/l_12420030520pt00360041.pdf.* Capturado em 24.1.2004.

VILHENA, Paulo Emílio Ribeiro de. *Relação de emprego: estrutura legal e supostos.* São Paulo: Saraiva, 1975.

Índice Onomástico

ABURDENE, 44.

ALEXY, 48, 59.

ALMEIDA, Ísis de. 71, 85, 86.

ALMEIDA, Renato Rua de. 43, 62.

BARROSO, 60, 64.

BASTOS, 57.

BOBBIO, 51.

BONAVIDES, 47, 52, 59, 61.

CANOTILHO, 48, 52, 55, 60, 63.

CARNELUTTI, 84.

CARRION, 77.

CHESNAIS, 33.

CHIARELLI, 36.

COELHO DA COSTA, 32.

COMPARATO, 55.

COSTA, Coqueijo. 82, 85.

COSTA, Márcio André Mendes. 35, 40.

COTRIM NETO, 17, 18.

COUTINHO, 38, 40.

COUTURE, 64.

COVAS, 84, 85.

CUNHA, 44.

DAIDONE, 82.

DIESTE, 19, 24, 29, 30, 44.

DINIZ, 27.

FARIAS, 49.

FERREIRA, 81.

FRACAROLLI, 27, 29.

GAARDEN, 34.

GEBRAN NETO, 62.

GIGLIO, 80, 82, 86.

GONÇALES, e MANUS, 81, 87, 88, 89.

GRAU, 56, 57, 59, 61, 63, 67, 68, 69.

HUBERMAN, 41.

HUNTINGTON, 34.

IACOMINI, 19.

IANNI, 35.

LEAL, 41, 66, 68.

LIMA, 82.

LOBATO, 47, 49, 51, 52, 69.

LUCAS, 57.

LUÑO, 47.

MAGANO, 84.

MALLET, 91.

MARTIN, 34, 38, 39.

MARTINS, 82.

MELLO, 51, 61.

MERRILL, 28.

MIRANDA, 68.

MORAES FILHO, 18, 45.

MUZIO, 32, 35, 36, 41.

NASCIMENTO, 87.

NERY JÚNIOR, 88.

OLIVEIRA, 31, 36, 38, 40.

PINTO, 83, 91.

PIOVESAN, 49, 50, 53, 61, 62, 66.

PLÁCIDO E SILVA, 20, 98.

PLÁ RODRIGUES, 77.

PRUNES, 27.

RIFKIN, 37, 39.

ROTHENBURG, 59.

RUSSOMANO, 72, 82.

SAAD, 85, 89.

SANTOS, 74, 76.

SILVA, Antônio Álvares da. 82.

SILVA, José Afonso da. 47, 50, 56, 63, 64, 65.

SILVA, Ovídio Araújo Baptista da. 79.

SOUTO MAIOR, 31, 32, 42, 43.

SUZUKI, 38.

TEIXEIRA FILHO, 86.

THOMAS, 32, 33, 37.

TORRES, 51, 65, 67.

VILHENA, 17, 19.

Produção Gráfica e Editoração Eletrônica: **TÂNIA BASTOS CHIARADIA**
Capa: **ELIANA C. COSTA**
Impressão: **CROMOSETE**